arte
insight
100

체 게바라의 100가지 말

옮긴이 송태욱

연세대학교 국문과와 같은 대학 대학원을 졸업하고 문학박사학위를 받았다. 도쿄외국어대학교 연구원을 지냈으며, 현재 연세대학교에서 강의하며 번역 일을 하고 있다. 지은 책으로『르네상스인 김승옥』(공저)이 있고, 옮긴 책으로는『소크라테스의 안경』, 『십자군 이야기』,『눈의 황홀』,『잘라라, 기도하는 그 손을』,『천천히 읽기를 권함』, 『포스트콜로니얼』,『매혹의 인문학 사전』,『책으로 찾아가는 유토피아』,『책으로 가는 문』,『호모 이그니스, 불을 찾아서』외 다수가 있다.

Guevara 100 No Kotoba
Copyright © Takarajimasha, Inc. 2015
Original Japanese edition published by Takarajimasha, Inc.
Korean translation rights arranged with Takarajimasha, Inc.
through Danny Hong Agency.
Korean translation rights © 2017 by Book21 Publishing Group

체 게바라의 100가지 말

다카라지마사 편집부 엮음
송태욱 옮김

arte

Chapter 01
세계와 나를 바꾸자

Chapter 04

여행하듯 살다

Chapter 05

가족을 사랑하고 친구를 믿다

Chapter 01

세계와 나를 바꾸자

세계 어딘가에서
누군가 부정한 일을 당하고 있을 때,
그것을 느낄 수 있는
사람이 되어라.
그것이 혁명가의
가장 훌륭한 자질이다.

맹우 피델 카스트로와 함께 독재 정권을 타도하고 쿠바 혁명의 주역이 된 에르네스토 체 게바라 데 라 세르나. 혁명이 성공한 후 국립은행 총재, 산업부 장관 등을 역임하며 쿠바의 근대화에 힘썼다. 하지만 혁명에 대한 그의 열정은 이 세상의 온갖 불의를 향하고 있었다. 1965년, 그는 장관이라는 옷을 벗어던지고 식민주의의 불씨가 남아 있는 콩고로 향했다. 쿠바를 떠날 때 아이들에게 보낸 이 말에서 체 게바라의 본질을 엿볼 수 있다.

혁명은 열정이며,

명예의 사회적 입증을 요구하는

인간의 싸움으로 이루어져 있다.

그러나 완전하게 이룰 수는 없다.

우리의 혁명도 그렇다.

체 게바라가 자신의 주요 저서인 『게릴라 전쟁』에서 "게릴라 전사는 금욕주의자여야 한다"고 쓴 것처럼 그의 혁명 철학은 자신에게도 타자에게도 엄격한 규율을 요구했다. 그것은 체제로부터 학대 받는 사람들 편에 선다는 윤리적 사명감이기도 했다. 게릴라 전사는 구체제를 변혁하고 새롭고 평등한 세상을 만들기 위해 전위前衛로서 싸워야 한다. '혁명'을 의식하는 것, 즉 세상을 바꾸기 위해서는 구체제에 익숙한 자기 자신을 이기는 지칠 줄 모르는 열정이 필요하다.

1959년경의 체 게바라
©akg-images/AFLO

혁명은 결코 순수한 운동이 아니다.
내부 항쟁이나 야망,
서로의 인식 부족을 계기로
인간이 실행하는 것이다.

　　혁명이나 쿠데타를 거쳐 수립된 정권은 대부분 혁명군의 초인적인 강력함을 종종 전설로 만들어 이야기한다. 이러한 '역사' 수정이 혁명 후의 사회를 관리하고 과도한 언론통제로 이어진 예는 사회주의혁명을 이룬 많은 나라에서 실제로 있었다.

　　하지만 체 게바라는 달랐다. 그는 전쟁 중에 써서 남긴 일기나 그 후의 회상을 통해 동료의 배신을 포함해 그 투쟁이 얼마나 어려운 일이었는지를 말했다. 그는 결코 혁명을 신성화하거나 권위화하지 않았다.

혁명에서
지도자의 일은 장대하고
또 불안으로 가득 차 있다.

　　　　우루과이 잡지사의 사주에게 보낸 편지로, 나중에『쿠바에서의 인간과 사회주의』에 실린 말이다. 쿠바 혁명의 경험을 분석하여 다른 나라가 그런 투쟁을 시작할 때 참고가 되도록 교훈 삼아 한 말이다. 다른 부분에서 "카스트로가 얼마나 신뢰받을지는 엄밀하게 (중략) 인민과의 약속을 이행하기 위해 진지하게 노력하는가의 여부에 달려 있다"고 말한 것처럼, 맹우이자 자신의 혁명 지도자를 특별하게 생각하지 않고 비평 정신을 가지고 대했다.

체 게바라(왼쪽)와 피델 카스트로(오른쪽)
ⓒPicture Alliance/AFLO

혁명에서는 승리, 아니면 죽음밖에 없다.

1958년 12월, 쿠바를 침공하는 혁명군에 가담한 체 게바라
©AFLO

　　　　　이 말은 체 게바라의 연설이나 편지에서 끝맺는 말로 자주 사용되었다. 1955년 7~8월 멕시코에서 피델 카스트로와 체 게바라는 역사적인 만남을 가졌다. 곧바로 의기투합한 그들은 밤새 이야기를 나누었고 체 게바라는 혁명군에 가담하기로 결심한다. 어느 날 카스트로는 체 게바라와 혁명군에게 물었다. "자네들이 죽으면 누구한테 알리면 되나?" 체 게바라는 이때 혁명이라는 행동으로 죽을 수도 있다는 사실을 처음으로 의식했다고 한다. 그는 "어머니한테"라고 답했다고 기록되어 있다.

혁명은 인간이 하는 것이지만,
개인은 그 혁명 정신을
날마다 단련해야 한다.

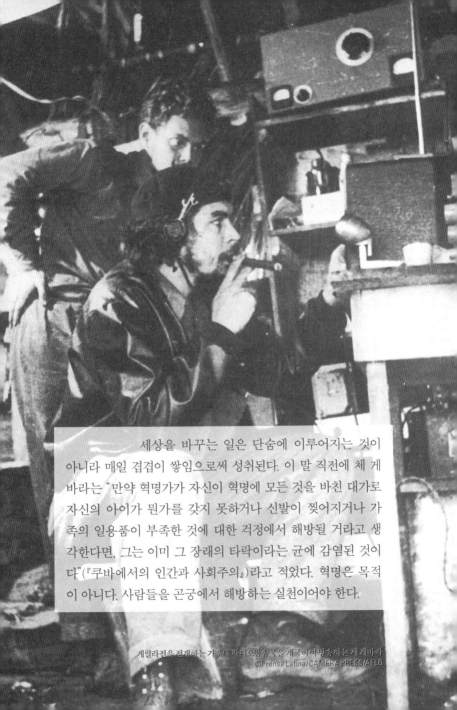

　　　　　세상을 바꾸는 일은 단숨에 이루어지는 것이
아니라 매일 겹겹이 쌓임으로써 성취된다. 이 말 직전에 체 게
바라는 "만약 혁명가가 자신이 혁명에 모든 것을 바친 대가로
자신의 아이가 뭔가를 갖지 못하거나 신발이 찢어지거나 가
족의 일용품이 부족한 것에 대한 걱정에서 해방될 거라고 생
각한다면, 그는 이미 그 장래의 타락이라는 균에 감염된 것이
다"(『쿠바에서의 인간과 사회주의』)라고 적었다. 혁명은 목적
이 아니다. 사람들을 곤궁에서 해방하는 실천이어야 한다.

게릴라전을 전개하는 가운데 라디오방송국을 개국하여 방송하는 체 게바라
©Prensa Latina/CAMERA PRESS/AFLO

발밑에는 의약품이 담긴 배낭과
탄약 한 상자가 나뒹굴고 있었다.
둘 다 짊어지기에는 너무 무거웠다.
나는 탄약만 집어 들었다.

1956년 12월 2일, 쿠바에 상륙한 혁명군은 사흘 후 바티스타 정부군의 급습을 받고 뿔뿔이 흩어진다. 체 게바라는 총탄이 빗발치는 가운데 탄약과 의약품 중 어느 것을 들고 피할지 선택해야 하는 처지에 몰렸다. 인생은 결단의 연속이다. 이것저것 다 선택할 수는 없다. 결단을 내린다는 것은 그때마다 새로운 자신이 되는 기회이기도 하다. 국립 부에노스아이레스 대학 의학부 출신의 의사였던 체 게바라는 이와 같은 선택과 결단을 해나가면서 자신을 혁명 전사로 단련해나갔다.

우리의 혁명은

항상 쿠바 국민의 의사에
의지해왔다.

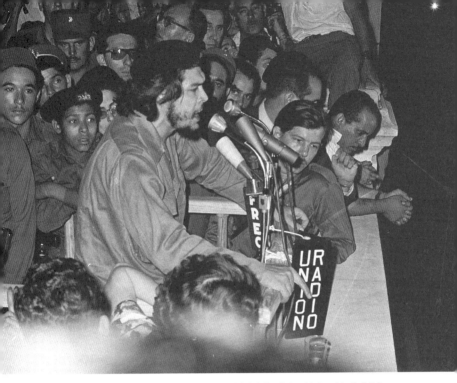

1960년, 관중 앞에서 사회 의료의 필요성을 호소하는 체 게바라
©AP/AFLO

혁명은 결코 독선적으로는 달성할 수 없다. 세상을 바꾸는 데는 수많은 동지가 필요하다. 즉 혁명은 항상 민중의 신뢰를 얻어야만 가능하다.

쿠바 혁명 당시, 미국 자본과 대지주의 학대를 받으며 빈곤한 생활을 강요당해온 쿠바 농민들은 혁명군을 지지했다. 산악 지대에 잠복하여 게릴라전을 전개하는 체 게바라와 혁명군에게 음식물과 정보를 제공했고, 그중에는 혁명군에 가담하는 이들도 있었다. 쿠바의 해방은 항상 민중의 비원이었다.

국민의 영웅인 자는 국민으로부터
멀리 떨어져 있어서는 안 된다.
높은 좌대에 올라
국민의 생활과 무관한 곳에
자리를 잡아서는 안 된다.

1961년, 우루과이 몬테비데오 카라스코국제공항에 도착한 체 게바라를 기자들이 둘러싸고 있다
©AP/AFLO

쿠바 혁명이 성공하자 새로운 정권을 수립한 카스트로는 체 게바라를 농업개혁기구 공업부장, 이어서 국립은행 총재에 임명하여 쿠바의 농지개혁과 무역 교섭, 그리고 산업화와 근대화를 향한 개혁을 추진하도록 했다.

체 게바라는 분 단위의 스케줄에 쫓겼지만, 그래도 주말에는 근로봉사를 호소하며 자신도 솔선하여 공사 현장이나 주요 산업인 사탕수수밭에서 땀 흘려 일했다. 그는 영웅의 자리에 눌러앉아 권력자로서 군림하지 않았다. 항상 민중을 위해 사욕을 버리고 일하는 것을 마다하지 않았다.

나를 이끄는 것은
진실에 대한 열정뿐이다.
나는 모든 문제를
이 점에서 생각한다.

　　십대 무렵부터 자주 방랑 여행을 떠났던 체 게
바라는 여행 지역에서 갖가지 사색을 거듭했다. 어떤 때는 미
국계 기업의 이권에 관여한 일부 특권층이 수많은 민중을 착
취하던 볼리비아에서, 또 어떤 때는 남미대륙 조상들의 영고
성쇠가 들여다보이는 고대 유적에서, 체 게바라는 늘 불의가
무엇인지를 물었다. 청년기의 체 게바라는 지칠 줄 모르는 열
정으로 남미대륙의 민중을 수탈하는 제국주의라는 거대한 불
의에 맞서는 철저한 저항을 결의했다.

영광을 손에 넣기 위해서는

희생을 해야 한다.

1958년 12월, 쿠바의 게릴라 캠프에서 드러누워 있는 체 게바라
©Everett Collection/AFLO

　　요트 '그란마Granma 호'를 타고 쿠바로 건너간 혁명군은 체 게바라와 피델 카스트로를 포함해 82명의 전사들이었다. 멕시코에서 스페인 시민전쟁에 종군했던 고참병 알베르토 바요에게 훈련을 받은 전사들은 상륙한 후 정부군과의 교전에서 대부분 전사했다. 한 달 후, 체 게바라는 생이별한 카스트로와 재회하지만 상륙할 때의 멤버 중 고작 17명만이 남아 있었다. 카스트로는 그런 절망적인 상황에서도 "우리는 승리할 수 있다"며 모두를 고무했다.

모든 국가는
평화적으로 공존해야 한다.
나라의 규모, 그때까지의 역사적 관계,
국가 간에 어떤 일이 있을 때
발생할지도 모르는 문제와
분리하여 생각해야 한다.

1961년 8월, 우루과이에서 열린 국제연합 경제사회이사회의 회장으로 향하는 체 게바라
©AP/AFLO, Photo by Franco Mattioli

남미에서는 일부 사람들의 이권 때문에 죄 없는 민중이 피를 흘렸다. 아프리카에서는 식민지의 독립투쟁이라는 명목하에 종주국 간, 또는 동서 간 대립이 격화되었다. 이른바 대국 간의 대리전쟁으로 소국의 민중이 서로 죽이는 일을 계속했다. '평화'란 늘 이름뿐이고, 명목도 내용도 대국에 유리하게 변경되어왔다. 1964년 유엔 연설에서 체 게바라는 소국은 대국에 휘둘리지 않아야 하고 모든 국가는 평등하고 평화적으로 공존해야 한다고 호소했다.

형성 중인 새로운 사회는
과거와 격렬하게 싸워야 한다.

1959년 1월 9일, 혁명 후에 아르헨티나에서 쿠바로 찾아온 부모와 재회한 체 게바라
©AP/AFLO

  체 게바라는 경험을 통해 혁명적이라는 것이 어
떤 것인가를 배웠다. 몰락의 길을 걷던 아르헨티나의 상류 가
정에서 태어나 의학부에 입학한 체 게바라도 남들처럼 개인적
성공을 바랐다는 점에서 예외가 아니었다. 그러나 남미대륙을
여행한 일과 쿠바 혁명에 참가한 일로 그는 많이 변했다. 이 세
상의 불의, 즉 인간이 같은 인간을 노예로 삼아 착취하는 것을
과거의 일로 돌리고 새로운 세상을 만들기 위해서는 기존의
인습과 철저하게 싸워야 한다는 사실을 깨달았다.

자기 자신이 흑인,

물라토 ^{백인과 흑인의 혼혈},

노동자,

농민이 되어야 한다.

체 게바라의 정의감은 전 세계의 모든 불의를 향했다. 그가 남미대륙에서 목격한 것은 신분이나 직업에 의해 빈부 격차가 심했다는 사실과, 거기에는 노예무역 이래로 인종차별적인 요소가 있었다는 사실이다. 그리고 거기서 목격한 것과 혁명 후 쿠바 대표로서 외교차 나간 곳에서도 불평등한 구조는 같았다. 체 게바라는 진정한 혁명의 달성은 그런 모든 불의를 몰아낼 때라고 생각했으며, 그것을 위해 혁명을 실천하는 사람은 항상 약자 편에 서야 한다고 주장했다.

1958년 11월 초, 쿠바 라스비야스 주의 대도시인 푸엔토 점령에 성공한 체 게바라
©AP/AFLO

지금은 싸울 때이고,

미래는 우리 것이다!

1961년, 우루과이에서 개최된 국제연합 경제사회이사회에서 발언하는 체 게바라
©AP/AFLO

　　　체 게바라는 평등한 사회를 이루기 위해서 '새
로운 인간'을 육성하는 것이 중요하다고 생각했다. 인간이 인
간을 지배하는 '낡은 인간'의 세상에서 사람들은 항상 보상을
요구한다. 물질적 만족을 위해 타자를 죽이는 것도 마다하지
않는다. 하지만 '새로운 인간'은 그런 물질적 보수가 아니라도
타자를 배려하고 자진해서 이타적으로 일할 수 있는 인간이
다. 체 게바라는 이런 인간들의 세상이라야만 비로소 불의가
없는 평등한 사회가 이뤄질 거라면서 다가올 세상에 희망을
품었다.

게릴라전이란
압제자에 대한
민중 전체의 전쟁이다.

1958년경의 체 게바라(오른쪽)와 라울 카스트로(왼쪽)
©AP/AFLO

    당시 바티스타 정권의 정부군 수만 명에 대항한
쿠바 혁명군은 고작 82명에 지나지 않았다. 그들은 산악 지대
에 몸을 숨기고 소규모 전투를 효과적으로 되풀이했다. 적은
인원으로도 가능한 이러한 전투 방식을 체 게바라는 약자의
저항 수단으로서 효과적인 전법이라고 강조했다. 또한 그는 엄
격한 부대 규율을 정해 민중을 수탈하지 못하게 했다. 그의 게
릴라전은 무차별적으로 사람들을 죽이는 공습 공격이나 테러
리즘과는 전혀 다른 것이었다.

우리는
역사와 마주하고 있다.
두려워하지 마라!
지금까지와 마찬가지로 앞으로도
계속해서 열의와 신념을
가져야 한다.

1959년 1월 8일, 아바나로 들어간 피델 카스트로와 함께 혁명 성취를 축하하는 체 게바라
©GAMMA/AFLO

혁명이란 새로운 역사를 수립하는 행위이기도 했다. 체 게바라는 쿠바를 비롯한 남북 아메리카 대륙, 나아가 인간이 인간을 착취하지 않는 새로운 역사를 전 세계에 구축하겠다는 큰 뜻을 품고 살아가는 것이야말로 중요하다고 말했다. 피델 카스트로는 일찍이 저항운동에 실패하여 재판을 받은 일이 있었는데, 그는 그때 "내가 옳았다는 것을 역사가 증명해줄 것이다"라고 말했다. '미래의 역사'에 대한 혁명가들의 결의와 열정은 대단한 것이었다.

역사적 사실은
중시해야 한다.
적당히 날조한다고 해도
제대로 되지는 않을 것이다.

1959년 6월 20일, 이집트의 알렉산드리아를 방문한 체 게바라
©AP/AFLO, Photo by Abdel Latif

　　　　정치가는 종종 권력을 이용하여 자국의 정당성
을 주장하려고 역사를 수정하거나 개찬해왔다. 그 예가 스탈
린 정권의 언론통제다. 체 게바라는 진실과 마주하지 않으려
는 그런 태도를 비난했다. 그는 젊은 시절 남미를 여행하면서
남미 원주민의 고대 유적을 견문했다. 거기에는 침략과 지배의
역사가 있었다. 훗날 각지를 돌아다닐 때에도 그 지역의 역사
학습을 중시했다. 새로운 역사를 구축하기 위해서는 과거의
역사에서 배워야 한다.

미국 정부는

현재의 비평화적 공존에 대한 비용을

높은 값을 부르며 멋대로 청구해온다.

그러나 우리는 존엄을 잃으면서까지

하라는 대로 할 수 없다.

더 이상의 타협은 없다.

1964년 12월, 유엔총회에 출석하는 체 게바라
©AP/AFLO

쿠바 혁명 당시, 남미대륙 국가들은 미국 자본에 의해 경제 기반의 대부분을 독점당하는 한편 불평등한 관세조약 등으로 고통스러운 재정난을 안고 있었다. 일부 특권층만 부유했을 뿐 국민 대부분이 굶주리고 있었다. 볼리비아와 과테말라에서 미국 자본을 축출하려는 쿠데타가 일어났지만 CIA의 개입 등으로 곧바로 진압되어 혁명정권이 무너지고 말았다. 이러한 미국의 지배에 처음으로 큰 승리를 거둔 것이 쿠바 혁명이었다.

야만스러운 무력과 불의에 저항하여
국민이 최후에 손에 넣은 것은

'승리'였다.

　　쿠바 각지에서 혁명군이 정부군의 거점을 습격
할 때마다 쿠바 국민 역시 진격에 기뻐하며 그들을 지지했다.
특히 주도州都인 산타클라라에서 벌어진 시가전은 중요한 전
투였는데, 장갑차를 거느린 3천 명의 정부군에 비해 혁명군은
고작 3백 명뿐이었다. 하지만 체 게바라가 라디오방송에서 시
민에게 협력을 구한 것이 주효했다. 주도의 시민들이 들고일어
나 정부군에 저항했고 사흘 밤낮에 걸친 격전 끝에 결국 혁명
군이 승리를 거두었다. 민중과 함께 손에 넣은 승리였다.

제가 상상하는 세상이
최후에는 승리할 거라는 것을
지금도 확신하고 있습니다.
다만 제가 무대 위의 배우가 될지
연극을 보는 관객이 될지는
선택하지 못했습니다.

　　체 게바라는 두 번째 남미 여행 때 들렀던 과테
말라에서 CIA의 개입으로 반미 정권이 무너지는 것을 목격했
다. 쿠바인 망명자들과의 교유나 첫 아내가 되는 페루인 망명
자 활동가였던 일다 가데아와의 만남에서 젊은 체 게바라는
자신의 앞날을 확실히 내다보기 시작했다. 반미파에 가담한
것으로 여겨져 암살자 명부에 이름이 올랐다는 사실을 안 체
게바라는 멕시코로 피했다. 1955년 멕시코시티에서 고향의
어머니에게 보낸 편지에는 그의 흔들리는 심정이 담겨 있다.

자신의 의무를 다하고,
편력 기사의 망토를 벗어던지고,
뭐든 좋으니 무기를 들고
싸워야 합니다.

　　　　과테말라에서 멕시코로 건너간 체 게바라는 길거리 사진사나 도서 판매원으로 생활비를 벌며 하루하루를 보냈다. 생활은 곤궁했지만 과테말라에서 알게 된 쿠바인 망명자 니코 로페스와 재회한다. 그를 통해 라울 카스트로와 알게되고, 라울로부터 그의 형 피델 카스트로를 소개받았다. 체 게바라는 긴 편력 시절에 종지부를 찍고 혁명에 몸을 던진다. 그때 그의 나이 스물일곱이었다. 한 젊은이가 전사가 되려 하고있었다. 고모인 베아트리스에게 보낸 편지에서 그 결의를 엿볼수 있다.

지금은 중대한 결단을 내려야 할 때다.
이런 투쟁은 우리에게
인간 발전의 최고 단계인
혁명가가 될 기회를 준다.
또한 병사를 졸업할 기회이기도 하다.

1958년, 시에라 마에스트라 산속에서. 체 게바라(가운데)와 피델 카스트로(오른쪽)
©GAMMA/AFLO

　　쿠바 혁명에 성공한 체 게바라는 그 후 새로운
체재를 떠받치기 위해 전력하지만, 투쟁의 장을 찾아 아프리카
로, 그리고 다시 남미로 건너갔다. 그는 자신의 마지막 땅이 되
는 볼리비아에서 새롭게 게릴라군을 편성한다. 볼리비아인 병
사들에게 한 이 말 속에는 일찍이 혁명 투쟁에서 끝까지 살아
남은 자신의 경험과 자신감이 뒷받침되어 있다. 매일 이어지는
전투 속에서 사람은 스스로를 큰 권력에 항거하는 인간으로
다시 단련한다. 체 게바라 자신도 부단한 노력을 통해 병약했
던 자신을 혁명 전사로 단련해나갔다.

'나'라는 개념은
'우리'로 완전히 바뀌었습니다.

멕시코에서 체 게바라 일행은 비밀리에 군사훈련을 했다. 이를 알아챈 바티스타는 멕시코 경찰에 손을 써 혁명군 17명을 체포해 구금했다. 체 게바라는 평소 피델 카스트로에게 늘 "불법체류 아르헨티나인인 나 때문에 혁명이 늦어지는 일이 있어서는 안 되네"라고 말했다. 사실 다른 멤버는 석방되었지만 체 게바라는 여전히 구금되어 있었다. 카스트로는 "결코 자네를 내버려두지 않겠네"라고 대답했다고 한다. 어머니 셀리아에게 보낸 편지에 적혀 있는 이 말은 그들의 굳은 우정을 생각하게 한다.

이 세상에서 불의가 저질러질 때마다
분노로 떨 수 있다면
우리는 동지이며,
그것이 더 중요합니다.

1964년 2월 20일 체 게바라가 모로코의 카사 블랑카로 보낸 짤막한 편지의 한 구절이다. 같은 성을 가진 카사블랑카의 여성 마리아 로사리오 체 게바라가 친척인지 아닌지를 물어온 편지에 답장한 것이다. 그는 "솔직히 내 가족이 스페인의 어디서 왔는지 잘 모릅니다. (중략) 당신과는 그다지 가까운 혈연관계가 아닌 것 같습니다"라고 말한 후 이 말을 적었다. 사람은 혈연관계인가 아닌가로 함께하는 것이 아니다. 불의에 같이 분노할 수 있는가가 중요하다.

체 게바라(오른쪽)와 피델 카스트로(왼쪽)
©Prensa Latina/CAMERAPRESS/AFLO

어느 날의 진실이
영원한 진실은 아니다.

　　체 게바라와 친했던 사람들 대부분이 훗날 그
가 입버릇처럼 이 말을 자주 했다고 회상했다. 자신의 행동도
사상도 한때의 의미밖에 갖지 못한다는 것을 두려워하고 염려
한 듯한 발언이다. 그만큼 체 게바라는 자신의 행동을 아주 분
명하게 일기에 적었고, 자신의 사상을 가족이나 친구에게 보
내는 편지에 솔직하게 썼다. 체 게바라를 찍은 사진이 많이 남
아 있지만, 그 자신도 사진 찍는 것을 좋아했다. 마치 시간과
함께 변해가는 의미와 가치를 적어놓아야 한다는 사명감에 사
로잡힌 것처럼.

갈 길은 멀고
무슨 일이 일어날지 예상할 수 없으며
우리는 스스로의 한계를 알고 있다.
우리는 21세기 인간을 창조한다,
우리 자신을.

프랑스의 철학자 장 폴 사르트르(가운데)와 그의 반려자 시몬 드 보부아르(왼쪽),
그들과 회담하는 체 게바라(오른쪽)
©www.bridgemanart.com/amanaimages Photo by Alberto Korda

실존주의의 기수이자 사회참여engagement 철학
자로 알려져 있던 장 폴 사르트르는 반려자 시몬 드 보부아르
와 함께 쿠바를 방문했다. 혁명에 성공한 이듬해인 1960년의
일이다. 이때 사르트르는 체 게바라와 회담했다. 그는 체 게바
라의 열정에 넘치는 기질에 매료되어 "체 게바라는 20세기의
가장 완벽한 인간이다"라고 칭찬했다. 그러나 당사자인 체 게
바라는 자신의 '새로운 인간' 사상이 담고 있는 다가올 21세
기, 즉 불의가 없는 평등한 세상을 살아가는 데 어울리는 인간
을 목표로 하고 있었다.

제국주의는 우리 인민이
수많은 재앙으로부터 계속 지켜온
그 하나를 길들이려 하고 있다.
그것은 민족 문화다.

1959년, 아시아와 아프리카의 여러 나라를 순방하던 중 인도의 델리를 방문한 체 게바라
©www.bridgemanart.com/amanaimages

　　　1961년 8월 체 게바라는 우루과이의 푼타 델
에스테에서 열린 경제사회이사회에 쿠바 주석을 대신해 참가
했다. 이 회의에서 케네디 대통령은 '진보를 위한 동맹'이라고
칭하며 10년간 200억 달러를 라틴아메리카의 여러 나라에 제
공하기로 약속함으로써 사회주의 진영의 확장을 막으려고 했
다. 이 말은 이 회의에서 체 게바라가 미국의 방식을 '제국주
의'라고 비판한 연설에서 나왔다. 사실 미국은 경제를 통해 세
계를 석권하려고 했다.

우리에게
사회주의의 확실한 정의는
인간에 의한 인간의 착취를
철폐하는 것 외에는 없다.

노동 봉사에 힘쓰는 체 게바라
©Newscom/AFLO

쿠바 혁명은 당시 식민지처럼 지배를 받던 많은
나라에 독립의 기운을 가져다준 희망이었다.

1965년 제4회 아시아·아프리카인민연대기구 회의는 가나
의 항구도시 위네바에서 열렸다. 이 회의에서 체 게바라는 일
찌감치 혁명정권을 수립한 쿠바의 대표로서 연설했다. 그는 연
설에서 제국주의와 식민주의에 노출된 아시아와 아프리카가
연대하여 인간에 의한 인간의 착취를 철폐하는 것이야말로 진
정한 사회주의라고 선언했다.

게임의 규칙을 지키는 자에게는
명예가 쏟아진다.
원숭이가 곡예를 해서 얻은 포상과 같다.
눈에 보이지 않는 감옥에서
도망치겠다는 생각을 못 하는 것과
같은 상황이다.

체 게바라가 부정하는 미국식 자본주의사회는
사회 분업화가 진행되면서 그 속에서 살아가는 인간 자체를 이
른바 포디즘Fordism식 노동에 편입한다. 그러한 세계 속에서 인
간은 일하는 것 자체로는 살아가는 기쁨을 느낄 수 없는 몰개
성적인 존재가 된다. 몸이 부서져라 일을 하여 명예를 얻는 것
만큼 비인간적인 일은 없다. 시와 소설을 좋아하여 행군하는
틈틈이 독서를 했던 체 게바라는 때로 위트와 유머로 비평성
이 넘치는 절묘한 말을 남겼다.

휴식 중인 체 게바라(촬영일 불명)
©akg-images/AFLO

쿠바는 다음 세대에
더 나은 미래가 기다리고 있는 것이,
그 승리가 원자폭탄에 의해 파괴되는
수백만 명의 목숨과 맞바꾸는 조건으로
얻어지는 것이 아니기를 바란다.

푸에르토리코 앞바다에서 소련 화물선을 추적하는 미국 구축함과 해군 정찰기
©교도통신사

　　　쿠바 혁명 이후 미국은 쿠바에 대한 경제봉쇄
정책을 시행했다. 이에 피델 카스트로는 소련과의 협조 노선을
강화했고, 쿠바는 더욱더 동서 냉전 속으로 편입되고 있었다.
그리고 1962년 소련의 핵탄두 미사일이 배치되자 쿠바 위기
는 현실화된다. 1961년 푼타 델 에스테에서 한 체 게바라의 연
설에서 핵무기에 대한 그의 사상을 알 수 있다. 그는 결코 핵우
산에 의한 질서를 바라지 않았으며, 그가 일본을 방문했을 때
도 히로시마 위문을 열망했다고 한다.

다른 사람의 집에
흙 묻은 발로 제멋대로 들어갈 수 없음을
미국이 깨닫게 하기 위해 싸우는 것이다.

1964년 12월, 뉴욕에서 CBS의 인터뷰에 답하는 체 게바라
©AP/AFLO

체 게바라와 피델 카스트로는 미국 자본과 연
결된 대지주의 독점 농지를 해방하는 등의 개혁을 추진했다.
중남미의 중요 이권을 잃은 미국은 곧바로 쿠바에 식민주의적
인 제재를 가한다. 케네디 대통령은 혁명군에게 쫓겨난 쿠바
망명자 1500명으로 구성된 용병단을 쿠바 남해안의 피그스
만으로 침공시켰다. 어디까지나 미국의 개입이 아니라 쿠바의
내분으로 가장하려 했다. 이를 알아챈 혁명정부는 곧바로 대
처했다. 1961년 4월 20일, 용병단이 침공한 지 불과 사흘 만
에 혁명정부는 그들을 진압했다.

아주 달콤하다고

생각할지도 모르지만

말하겠다.

진정한 혁명가는

큰 애정에 이끌린다.

사랑 없는 진짜 혁명가 따위는

생각할 수 없다.

체 게바라(오른쪽)와 피델 카스트로(왼쪽)
©GAMMA/AFLO

　　　큰 사랑이 없으면 혁명가가 될 수 없다고 말한
체 게바라는 바로 그 전형이었다. 그의 철저한 이상주의는 전
세계 모든 학대받는 사람들을 향했다. 타자에 대한 증오 없는
사랑이 체 게바라를 볼리비아에서의 투쟁으로 이끌었고 평생
혁명가로서 살게 했다. 모든 것은 타자에 대한 큰 사랑이었다.
그는 다음과 같은 말도 남겼다. "살아 있는 인류에 대한 사랑
이 감동적인 힘이 되고 모범이 되는 실제 행동으로 바뀌듯이
우리는 날마다 분투해야 한다."

브라질을 방문했을 때, 축구팀을 방문한 체 게바라
©Newscom/AFLO

Chapter 02

일하는 열정을 가져라

큰일을 하기 위해서는
무슨 일이든 열정이 필요합니다.
혁명에는 많은 열정과
대담함이 요구됩니다.

체 게바라(오른쪽)와 전우 카밀로 시엔푸에고스(왼쪽)
ⒸPR/LAT/Camera Press/AFLO

　　피델 카스트로가 현실주의적인 정치가 타입이
라면 체 게바라는 평생 열정을 갖고 이상을 추구한 혁명가였
다. 일개 의사에서 혁명가가 되었을 때 하루하루 그의 노동은
모든 면에서 큰 이상으로 이어져 있었다. 체 게바라는 어머니
에게 보낸 편지에서 이 말 바로 앞에 다음과 같이 적었다. "절
도節度라든가 '적당한 이기주의' 따위로 훌륭한 발명이나 예술
작품이 생겨난다고 생각한다면 큰 착각입니다." 눈앞의 성공보
다는 큰 이상에 이끌려야 비로소 혁명가가 될 수 있다.

나는 하루에 16시간에서 18시간을 일하고
가능하다면 6시간을 잔다.
하지만 좀처럼 그 시간만큼
잘 수가 없다.

1960년, 아바나에서 시작된 텔레비전 프로그램에 정규적으로 출연한 체 게바라
©AP/AFLO

　　체 게바라의 근면함은 그 밑에서 일한 동료나 비서, 부하 들이 입을 모아 칭찬했다. 게릴라 전사로서 싸울 때도, 산업부 장관으로 바쁘게 뛰어다닐 때도 독서와 일기 쓰기를 결코 빼놓지 않았다. 시간은 반드시 지켰고, 일이 끝난 후 집에 돌아와서도 새벽 3시까지 그의 서재에 불이 꺼지는 일이 없었다고 한다. 체 게바라는 다른 사람의 모범이 되기 위해 스스로를 관리했다. 예전에 측근이었던 한 사람은 "나도 할 수 있었으니까 아마 자네도 할 수 있을 거야"라고 그에게 넌지시 격려를 받은 것 같았다고 말했다.

혁명하의 아무리 어려운 상황이라도
물건 만들기를 적당히 해서는 안 된다.
좋은 물건, 아름다운 물건을 만들자.
대충 추한 불량품을 만드는 것은
큰 잘못이다.

　　이 말은 체 게바라가 어느 공장에서 연설한 내
용이다. 혁명 이전인 1953년, 쿠바의 인구통계 조사에 따르면
인구의 57퍼센트가 도시에 살고 있었다. 수도는 절반의 가구
밖에 쓰지 못했고, 지방 농촌 사람들은 대부분 누추한 집에서
살며 영양 상태도 나빴다. 만족스러운 교육을 받지 못한 쿠바
인 노동자 중에는 무단으로 결근하거나 직장을 포기하는 일이
이어졌고, 생산관리조차 제대로 되지 않았다. 체 게바라는 산
업부 장관으로서 쿠바의 근대화야말로 급선무라고 생각하여
철저한 개혁에 힘썼다.

만약 우리가

공상가 같다는 말을 듣는다면,

구제하기 힘든 이상주의자라는 말을 듣는다면,

가능하지도 않은 일을

생각하고 있다는 말을 듣는다면

수천 번이라도 대답할 것이다.

"바로 그렇다"고.

1964년 12월 유엔총회에서 연설하는 체 게바라
©Bettmann/Corbis/amanaimages

　　열정과 신념의 인간이었던 체 게바라는 자신의 혁명을 그저 몽상으로 생각하지 않았다. 그가 목격한 라틴아메리카, 아프리카, 아시아의 가난한 사람들이 처한 현실은 그를 끝없는 투쟁의 길로 이끌었다.

　　쿠바 혁명 후 피델 카스트로가 쿠바 한 나라에 그친 것에 비해 체 게바라는 라틴아메리카 전체, 나아가 혁명을 통해 전 세계의 불의와 빈곤이 개선될 날을 믿으며 콩고와 볼리비아에서 투쟁의 나날에 몸을 던졌다.

신발은 귀중품이다.
신발을 신지 않고는
행군할 수가 없다.
신발 한 켤레를 가진 자는
무사히 살아남을 보증을 얻은 것이다.

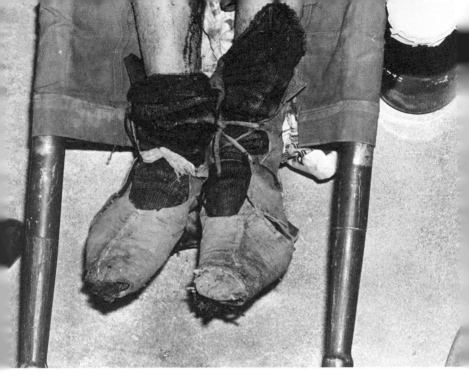

1967년 볼리비아에서 총살당한 체 게바라의 발과 신발
ⒸEye Ubiquitous/Corbis/amanaimages Photo by Brian Moser

    체 게바라는 쿠바에서 경험한 게릴라 투쟁을
『게릴라 전쟁』이라는 한 권의 책으로 정리했다. 게릴라전을 어
떻게 전개하는가를 비롯해 그 마음가짐과 전략 등이 자세하게
기록되어 있다. 특히 체 게바라는 게릴라전에서 강력한 무기보
다 예비 신발을 갖는 것이 운명을 가른다는 것을 경험으로 배
웠다. 초목이 무성하고 바위가 삐죽삐죽 솟은 험지로 이어진
산악 지대에 잠복해 전투를 되풀이할 때마다 신발은 빼놓을
수 없는 것이었다. 이 순간, 이 장소에 무엇이 필요한지를 가려
내는 체 게바라의 냉정한 분석력을 엿볼 수 있다.

국민을 최우선으로 생각하고 노력한다면
반드시 그들의 신뢰를
얻을 수 있을 것이다.

1960년대 전반, 노동자들 사이에서 일하는 체 게바라
©Alan Oxley/CAMERA PRESS/AFLO

　　　　지금까지 제3국에서 일어난 혁명이나 쿠데타는
옛 종주국에 의해 수립된 괴뢰정권이나 일부 특권계급에 의한
독재 정권에 좌우되는 일이 흔했다. 그러나 피델 카스트로와 체
게바라가 수행한 쿠바 혁명은 그것과는 분명하게 구별되었다.
빈곤에 허덕이는 쿠바 국민의 구제와 해방을 목표로 했기 때문
에 무엇보다도 국민의 지지를 얻었다. 혁명 전 바티스타 독재 정
권의 쿠바는 실업자가 70만 명을 헤아렸고, 일자리를 가진 사
람이라도 일할 수 있는 기간이 1년에 4개월밖에 안 되었다.

지도자란
다른 사람이 자신과 같은 곳으로
따라오도록 유도하는 자다.
다만 말로 강요하는 것이 아니라
뒤에 있는 사람들이 기운을 내도록 북돋워주며
자신의 수준까지 끌어올리도록 해야 한다.

체 게바라(가운데)와 피델 카스트로(왼쪽)
©GAMMA/AFLO

체 게바라의 근면함에서 보듯(「18시간의 노동」 참고) 혁명 후의 새로운 정부 안에서 국립은행 총재, 농업개혁기구 공업부장, 산업부 장관을 역임한 그는 어디까지나 자신의 행동을 통해 뒤따라오는 사람들을 지도했다고 할 수 있다. 그는 혁명을 지도한 피델 카스트로처럼 연설이나 정치 수완에 의해 사람들의 마음을 장악하는 리얼리스트가 아니었다. 체 게바라는 우직할 정도로 자신의 신념을 관철하고 이상 실현을 목표로 한결같이 노력하는 사람이었다. 표리 없는 성품이었기 때문에 수많은 사람이 그에게 매료되었던 것이다.

나를 경제학자라고 생각한 적은 없다.
오히려 쿠바 정부의 구성원이자
쿠바 국민의 한 사람이라고 생각한다.

　　　　체 게바라는 1959년 11월 26일 국립은행 총재
에 취임했다. 피델 카스트로를 비롯한 다른 혁명가들은 전사
로서는 숙련되었지만 행정에서는 거의 문외한이나 다름없었
다. 그것은 체 게바라도 마찬가지였지만 그는 누구보다도 열심
히 배웠다. 그가 항상 염두에 두었던 것은 혁명을 지지한 쿠바
국민이었다.

　　그는 새로운 지폐를 발행했다. 바티스타 독재 정권 때의 지폐
대신에 역대 쿠바의 애국자이자 혁명가들의 초상을 도안으로
사용했고 거기에 아무렇지 않게 'Che체'라는 사인을 했다.

자주적 노동이
우리의 노동자들을 연결시키고
이해하는 수단이 된다.

체 게바라는 자신이 내세운 '새로운 인간'이라
는 사상을 솔선하여 실천했다. 날마다 이어지는 격무 짬짬이,
그리고 주말에 건설 현장이나 공장, 사탕수수밭으로 근로봉사
를 나가 노동자들과 함께 땀을 흘리며 일했다. 산업부 장관이
라는 직함을 가진 사람이 말이다. 그에게 노동은 결코 벌이나
고통이 아니었다. 그 자체로 기쁨이고, 결코 인간을 예속시키
는 것이 아니다. 남에게 억지로 강요받는 것이 아니라 자신을,
다른 사람을 위해 솔선하여 기쁜 마음으로 하는 것이다.

1961년, 우루과이의 건설노동자와 철면길없이 익아기기을 체 게바라
©AP/AFLO

국민에게 의사를 전하기 위해서는

국민 한 사람이 되어

느껴야 한다.

국민이 바라는 것을,

요구하는 것을, 느끼는 것을

알아야 한다.

1961년 8월, 우루과이에서 열린 경제사회이사회에 출석해 콜라를 마시는 체 게바라
©AP/AFLO

　　　　바티스타 독재 정권이 붕괴한 후 쿠바에서는 여러 문제가 고름처럼 터져 나오고 있었다. 미취학 아동이 도시에서는 30퍼센트, 지방에서는 60퍼센트에 달해 문맹률이 높았다. 설사 취학한다고 해도 초등학교 6년 과정을 마치는 아동은 70퍼센트도 되지 않았다. 교육을 만족스럽게 받지 못하여 국민은 자신의 의사를 표현할 수도 없었다. 학교 건설이 급선무였다. 전국 구석구석까지 교육을 보급하는 일은 쿠바가 독립한 근대국가로서 대국과 싸워나가기 위해서도 필수불가결한 것이었다.

운전수라면 누구라도 할 수 있네.
손도끼를 찾아서
다른 사람과 마찬가지로 일하게.
그게 싫다면 당장 돌아가게.
······어쩔 수 없으면
직접 운전해서 돌아가지 뭐.

노동에 대한 체 게바라의 윤리관을 보여주는 구절이다. 사탕수수밭의 근로봉사를 하러 나왔을 때 트럭 운전수가 일을 거들지 않자 체 게바라가 "자네 손도끼는 어디 있나?" 하고 물었다. "제 일은 사탕수수를 베는 것이 아닙니다. 저는 운전수입니다" 하고 대답하는 운전수에게 체 게바라는 이 말을 했다. 그는 인간의 사회 분업화에 반대했다. 노동자가 각자 자신의 담당 부서에서 열심히 일하는 것은 말할 것도 없고, 그 이상으로 다른 사람을 위해 봉사하는 정신이야말로 중요하다고 생각했던 것이다.

정말 싫은 것은
경제적 현실이라든가 정치적 현실 같은
어떤 현실에 직면하면
기가 죽어버리는 일이다.
동지 중에는 경제문제가 나오면
무조건 가뭄이나 제국주의 탓으로
돌리는 사람도 있었다.

　　대부분의 혁명가들은 빈곤의 모든 원인이 '제국주의'에 있다고 생각하여 무슨 일이 있을 때마다 그것을 증오하고 타도하는 것을 목표로 내세웠다. 하지만 체 게바라는 그 근원이 제국주의에 의한 것이라 하더라도 모든 문제를 제국주의 탓으로 돌린 채 그 본질을 궁구하지 않고 포기해버리는 태도를 싫어했다. 실제로 쿠바의 산업이 지지부진하고 발전하지 못한 것은 수많은 노동자에게 만족스러운 교육이 널리 이루어지지 않았기 때문이었다. 한 가지 일을 처리하는 데도 두 배의 시간이 필요했던 것이다.

쉴 새 없이 타격해야 한다.

1957년 시에라 마에스트라 산속에서 체 게바라(왼쪽에서 두 번째)와 피델 카스트로(가운데)
©AFLO

체 게바라가 게릴라전의 마음가짐을 기록한 『게 릴라 전쟁』에는 '20세기의 손자孫子'라 불러도 과언이 아닐 만 큼 문제 해결이나 목표 달성을 위한 힌트가 숨어 있다. 중국 춘 추시대의 병법을 정리한 『손자병법』이 오늘날 비즈니스의 바 이블로 읽히고 있는 것처럼, 체 게바라의 책에도 그러한 느낌 이 있다. 그는 공격 기회를 보자마자 상대에게 휴식을 주지 않 고 연이은 기습으로 승리를 거두었다. '불리한 상황에서도 한 순간의 호기를 놓치지 않고 단숨에 목적을 달성한다.' 그의 가 르침은 현대 비즈니스에서도 통하는 것이다.

이건 노동자의 문제네.
나는 아르헨티나 사람이고,
쿠바 사람이고,
볼리비아 사람이기도 하다네.
아마 자네는 이해하지 못하겠지만 말이야.

1964년 미국에서 어린이용 크리스마스카드를 구입하는 체 게바라
©AP/AFLO Photo by John Lindsay

쿠바를 떠난 체 게바라는 볼리비아에서 새로운 혁명 투쟁에 투신하지만 1967년 10월 이게라 마을에서 정부군의 급습을 받고 결국 포로가 되고 만다. 그런데 망명한 쿠바인이자 CIA 요원이었던 펠릭스 로드리게스가 "볼리비아 사람도 아닌 당신이 왜 이렇게까지 하는가?"라고 묻자 체 게바라는 이 같이 대답했다. 그는 전 세계에서 부당함을 느끼고 있는 노동자를 비롯한 민중이 해방되는 날까지 계속 싸우겠다고 맹세했다.

사람은 매일 8시간이나 그 이상
상품으로 기능한다.
비유적으로 말하면
개인으로서는 죽은 것이다.

1963년, 텔레비전 방송국에서 코멘트를 하는 체 게바라
©AP/AFLO

자본주의하에서 노동자는 스스로 뭔가를 생산하는 수단을 자본가에게 빼앗기고 있다. 노동자는 자신의 노동이라는 시간을 자본가에게 상품으로 팔아넘김으로써 대가를 얻는다. 이를테면 노동자는 일하고 있을 때 자신을 위해 뭔가를 산출하는 것이 아니다. 노동이라는 서비스를 제공하는 하나의 상품으로서 고용주에게 고용되어 있는 것에 불과하다. 체 게바라는 노동에서 소외된 인간의 모습을 혐오했다. 그는 늘 노동이 좀 더 창조력으로 가득 찬 것, 사랑으로 가득 찬 것이어야 한다고 주장했다.

자본주의의 법칙은
진실을 덮어 가리는 것인데
보통 사람들의 눈에는 보이지 않는다.

체 게바라의 얼굴이 인쇄된 쿠바의 3페소짜리 지폐
ⒸBasPhoto

　'노동자는 임금을 받아 유복한 계층으로 올라간
다.' 이런 성공담은 지금까지 '아메리칸드림'이라는 이름으로 다
양하게 선전되어 왔다. 그런데 이 가치관은 마치 그 성공이 자
신만의 창의나 아이디어로 이루어진 것 같은 착각에 빠뜨려 개
인을 좀먹는다. 그 뒤에 착취를 당하는 수많은 사람이 존재함
에도 불구하고 그들의 고통과는 무관한 것이 되고 만다. 체 게
바라의 이 말은 늘 경제적 발전 뒤에서 고통에 허덕이는 빈곤한
사람들의 존재를 드러내기 위해 세계를 향해 물은 것이다.

경제가 자동적으로
변하지 않는 것과 마찬가지로
의식의 변화도 자동적으로 일어나지 않는다.

　　　『쿠바에서의 인간과 사회주의』에서 체 게바라
는 다가올 평등한 사회가 어떻게 달성되는가를 다양한 관점에
서 고찰한다. 그 도정이 어렵다는 것, 부단한 노력이 요구된다
는 것을 그의 필치에서 알 수 있다. 혁명은 한순간의 사건이 아
니다. 나날의 노력에 의해 비로소 가능한 것이다. 위의 말에 이
어 체 게바라는 다음과 같이 적고 있다. "변화는 늦고 그 상황
도 일정하지 않다. 급속하게 나아갈 때도 있고 완만할 때도, 후
퇴할 때도 있다."

다른 일로 비슷한 잘못을
반복할지도 모른다.
내 책임은 무겁다.
이 패배는 결코 잊지 않을 것이고,
가장 가치 있는 이 교훈도
잊지 않을 것이다.

　　　체 게바라는 1965년 외교를 위해 아프리카 여러 나라를 방문하고 돌아온 후 자취를 감추었다. 아프리카를 새로운 투쟁 지역으로 정하고 오랫동안 투쟁에서 멀어진 신체에 채찍질하며 군사훈련을 했던 것이다. 같은 해 7월, 옛 종주국인 벨기에, 소련 등이 개입하여 내분이 계속되는 콩고로 향했다. 현지에서 혁명군과 합류한 체 게바라는 그들을 지휘했다. 하지만 말도 습관도 다른 콩고에서 게릴라 전사의 통제도 안 되고 사기도 오르지 않았다. 1년 후 그는 완전히 초췌해진 모습으로 쿠바로 돌아왔다.

성장하고 싶다면
선택한 직업에서 고난을
극복하는 것이 제일이다.

1964년경의 체 게바라(가운데)와 라울 카스트로(오른쪽)
©AP/AFLO

　　　쿠바 혁명 후 체 게바라에게 수많은 편지가 날
아들었다. 그는 일하는 틈틈이 하나하나 답장을 했다. 위의 구
절은 보도기관의 취재 의뢰에 보낸 답장의 맺음말이다. '일'에
대한 체 게바라의 가치관이 엿보인다. 한편 체 게바라는 자신
의 편지에 대해 이렇게 평했다. "내 편지는 자신의 사고에 대한
공적인 기록이다. 나는 현재든 과거든, 나의 생각을 쓰는 데 주
저하지 않는다. 왜냐하면 내 사고는 거짓이 없고 두 가지로 해
석되지 않기 때문이다."

물러나야 할 때 물러나지 않으면
일이 완성되었다고 말할 수 없다.

    1962년 10월 20일, 체 게바라는 아바나 대학에서 젊은이들에게 쿠바의 장래에 대해 이야기했다. 21세기를 짊어질 젊은이들에게 그는 자신이 마음속에 그리는, 다른 사람들을 위해 자진해서 봉사할 수 있는 '새로운 인간' 사상을 말했다. 그리고 20세기의 인간으로서 스스로 물러날 때에 대해서도 함께 언급했다. 자기 세대가 물러남으로써 비로소 일은 완성된다. 체 게바라는 다음과 같이 말하며 젊은이들에게 미래를 맡겼다. "우리의 뒤를 잇는 국민을 만드는 것이 자네들의 의무이기도 하다."

야구를 즐기는 체 게바라(왼쪽)
©Bettman/Corbis/amanaimages

Chapter 03

인생을 끝까지 살라

우리 모두 사소한 허영심을

숨기고 있는 존재다.

당시 나는 세계에서

가장 자존심이 센 남자라고 생각했다.

1963년 체 게바라는 『쿠바 혁명전쟁 회고록』을 출판했다. 체 게바라 밑에서 일했던 곤살로 알베르네는 체 게바라가 "자기 자신이 뭔가를 쓸 때 올바르게 쓰는 것에 항상 주의했다"(미요시 도루, 『체 게바라전』 증보판)고 말했다고 전한다. 체 게바라는 회고록에서도 자신의 내면이나 심정을 솔직하게 토로한다. 혁명군으로서 쿠바로 건너갔을 때 그는 스물여덟 살이었다. 거기에 영웅을 동경하는 공명심이 없다고 하면 거짓말일 것이다. 이런 점까지도 숨기지 않는 체 게바라의 인품이 많은 사람을 매료시켰다.

인간은 누구나
그 사람 나름의 결점을 가지고 있는데
내 결점은 누구라도 알아보기 쉽게
서로 모순되어 있다.

체 게바라의 옆얼굴
©Picture Alliance/AFLO

  이는 1964년에 체 게바라가 한 말이다. 한편 알베르토 그라나도와 함께 남미대륙을 종단하는 대모험에 나섰던 젊은 체 게바라는 일기에 다음과 같이 썼다. "확실히 나는 주의主義에 관해서는 절충주의의 위선자다. …… 하지만 그런 나도 이성을 확 벗어던지고 …… 피 묻은 무기를 들고 분노에 사로잡혀 붙잡힌 적을 …… 후려쳐 쓰러뜨릴 것이다." 열정과 냉정이 혼재된 체 게바라는 만년에 이르기까지 자신을 주체하지 못했는지도 모른다.

술을 마시지는 않지만,
담배는 피운다.
여자를 좋아하지 않게 될 바에는
차라리 남자를 그만두겠다.

1959년 6월, 카바냐 요새에서 결혼식을 올리는
체 게바라(가운데 왼쪽)와 알레이다 마르치(가운데 오른쪽)
©AP/AFLO

　　　두툼한 시가를 피우면서 때로는 날카로운 눈빛
으로, 때로는 소년 같은 미소를 띤 얼굴을 보여준 체 게바라. 매
스컴의 취재에 그는 솔직하게 대답했다. 뜻밖에도 그는 술을 그
다지 즐기지 않았다. 와인조차 물을 타서 마셨다. 평생 두 번의
결혼을 한 체 게바라 주위로 진위가 분명하지 않지만 염문이
떠돌기도 했다. 체 게바라는 이 말에 이어 다음과 같이 말하기
도 했다. "혁명가로서의 사명을 완수할 수 없다면 혁명가를 그
만둘 것이다." 그에게는 혁명가인 것이 무엇보다 중요했다.

누구나 그렇듯이
나도 성공하고 싶었다.
그 무렵에는 자신의 성공만을 바랐다.
다들 그렇듯이
나 또한 이것도 당시의 환경에서는
예외가 아니었다.

1956년, 멕시코의 송환 형무소 안에서 체 게바라(오른쪽)와 피델 카스트로(왼쪽)가
처음으로 같이 찍힌 사진
©www.bridgemanart.com/amanaimages

　　　　체 게바라가 혁명가로서의 나날을 보내면서 일
찍이 의학에 뜻을 두었을 무렵의 자신을 돌아보며 한 말이다.
의사의 헌신은 혁명가처럼 이타적이거나 자기희생적이지 않았
다. 지병인 천식으로 괴로워한 체 게바라는 알레르기에 관심
을 두고 "유명한 연구자가 되고 싶다"고 적었다. 그 후 친구 알
베르토 그라나도와 모터사이클을 타고 남미 종단 여행을 하면
서 남미 각지의 의료 실태를 목격했다. 의사의 힘만으로는 구
제할 수 없는 사람들이 있다는 사실을 절감했던 것이다.

아무것도 아닌 아스피린 한 알이라도
환자를 염려하고 그 고통을 자신의 것으로
느낄 수 있는 친구가 건네면
환자에게 어떤 의미가 될까.
그 크기는 과학으로 잴 수 없다.

1958년, 호텔의 한 방에서 산타클라라 점령 계획을 가다듬는 체 게바라
©Sygma/Corbis/amanaimages Photo by Alain Nogues

　　체 게바라는 약과 탄약 가운데 한 번은 탄약을
골랐다. 하지만 그는 게릴라전을 계속하는 동안 전사로서뿐 아
니라 의사로서도 활약한다. 자신도 심한 천식 환자였지만 극
기심으로 지병과 싸우면서 해낸 종군이었다. 피델 카스트로
는 혁명 동지만이 아니라 부상당한 포로도 치료하도록 명했다.
체 게바라는 귀중한 약품을 잃는 일이라며 반대했지만 카스
트로의 그런 조치는 점차 혁명군의 평판을 높였다. 반대로 정
부군은 포로를 가차 없이 살해했다. 어느 쪽이 더 인간적이고
신뢰할 만한지는 한눈에 알 수 있다.

자란 환경 덕분에
나의 깊숙한 부분에는
아르헨티나 사람으로서의 일면이 있다.
그러나 동시에 누구보다도
쿠바인답다고 느낀다.

알베르토 코르다가 촬영한 체 게바라의 초상이 인쇄된 쿠바 국기
©REUTERS/AFLO

　　　쿠바 혁명군 중에서 유일하게 아르헨티나 출신
이었던 체 게바라는 출신이 문제시되어 왜 조국이 아니라 쿠
바 혁명에 참가했느냐는 질문을 자주 받았다.
　혁명 전사들은 서한이나 연설 마지막에 "조국이냐 죽음이
냐"라고 선언했지만 체 게바라에게는 무고한 민중이 불의로 고
통에 허덕이는 곳 전체가 고향이나 다름없었다. 그의 연대 의
식은 아르헨티나와 쿠바만이 아니라 세계의 모든 장소나 사람
에게로 향했다.

의사에 대해서는 걱정할 필요 없어.
나는 지시를 잘 따르고 있으니까.
시가는 한 대.
의사의 말대로 하고 있잖아.

　　　체 게바라의 비서였던 안토니오 누네스 히메네
스의 회상록에 나오는 체 게바라의 발언이다.

　어느 날 비서가 지시를 받으러 체 게바라에게 갔는데, 마침
아바나의 담배 노동자에게서 받았다는 시가를 피우고 있었다.
그는 장난꾸러기 같은 미소를 띠며 비서에게 이 같은 변명을
했다고 한다. 이때 체 게바라가 특별 주문해서 피웠던 시가는
길이가 무려 45센티미터나 되는 것이었다.

나는 그리스도도 자선사업가도 아니다.

십자가 같은 데 묶여
찔려 죽는 것보다는
적을 물리치는 것을 생각한다.

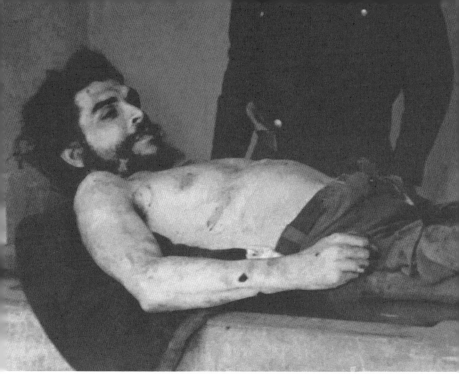

　　체 게바라는 1967년 10월 9일 볼리비아 정부
군에 의해 사살되었다. 유체를 검사할 때 찍은 사진이 많이 남
아 있는데, 패주로 점철된 게릴라전을 전개해온 그의 모습은 참
혹한 것이었다. 게릴라의 유체를 카메라 렌즈에 담은 프리랜서
사진작가 프레디 알보르타는 "마치 그리스도의 사진을 찍는 것
같았다"고 술회했다. 혁명의 순교자로서 생애를 일관한 체 게바
라는 어느새 '붉은 그리스도'라 칭해졌다. 그 후 체 게바라의 생
전 사진은 전 세계로 전해지면서 하나의 아이콘이 되었다.

공업부를 나온 후 아내에게 전화를 걸었다.

"여자 친구 집에 간다."

아내가 대답했다.

"알고 있어요. 체스 하러 가는 거죠?"

　　　　체 게바라는 자신에게도 타인에게도 엄격했지
만 남들처럼 취미를 즐기는 면도 있었다. 특히 체스와 골프를
취미로 즐겼는데, 그중 체스 실력은 전문가가 무색할 정도였다.
그는 체스 강사와 대국하여 이기자 아이처럼 부하들에게 자랑
했다고 한다.

　　　　또한 골프도 상당한 실력이어서 피델 카스트로와 함께 홀
을 돌았던 기록이 남아 있다. 작가 미요시 도루의 기억에 따르
면 스코어는 78타 싱글 플레이어였다고 한다.

체 게바라(왼쪽)와 두 번째 아내 알레이다(오른쪽)
©Bettmann/Corbis/amanaimages

내게는 없어서는 안 될 것이 두 가지 있는데
콩고에서는 둘 다 충족되었다.
담배가 없어서 곤란한 일은
좀처럼 없었다.
읽을거리도 늘 산더미처럼 쌓여 있었다.

1965년 11월, 콩고에서 독서하는 체 게바라
©AFP=지지 통신

독서와 담배, 이 두 가지는 체 게바라에게 빼놓을 수 없는 것이었다. 유소년 시절부터 독서가 습관이었던 체 게바라는 문학을 좋아하여 세르반테스나 괴테에게 매료되었고 칠레의 시인 네루다에게는 최고의 찬사를 보냈다. 원래 천식을 앓았기 때문에 담배를 피우지 않았을뿐더러 혁명군에 참가할 때까지 의사의 입장에서 사람들에게 금연을 권할 정도였다. 하지만 게릴라로 종군할 때 적은 인간만이 아니다. 정글 속에서 흡연은 모기나 진드기를 쫓는 데 효과적이었다. 그 이후 체 게바라는 애연가가 되었다고 한다.

나에게 '체'란
인생에서 가장 본질적인,
사랑할 만한 한 부분이다.
어떻게 싫어질 수 있겠는가.
사람이 태어나 곧바로 지어진 이름은
대단한 게 아니다.
개인적이고 사소한 것이다.
그와 대조적으로 체라고 불리는 것을
나는 정말 좋아한다.

1960년 체 게바라(오른쪽)와 피델 카스트로(왼쪽)
©AFLO

　　　'체'라는 이름으로 사랑받은 체 게바라의 본명
은 에르네스토 게바라 데 라 세르나Ernesto Guevara de la Serna다.
'체'란 그의 고향인 아르헨티나 코르도바 지방에서 흔히 쓰이
는 회화 표현으로 친한 사람에게 "저기 말이야" 하고 말을 걸
때 쓴다. 체 게바라가 대화 중에 '체'를 연발하는 바람에 별명
이 되었다고 한다. 그는 단지 부모와 조상에 결부된 본명보다
는 모든 사람이 가볍게 부를 수 있는 '체'라는 이름을 사랑했
다. 끝까지 코즈모폴리턴적인 삶을 살았던 체 게바라만이 할
수 있는 말이다.

내가 글을 쓰는 것은
진실을 전하고 싶다는 열정이
이끌리기 때문이다.

　　　체 게바라는 일기, 사적인 편지, 공적인 서한, 저작 등 장르를 불문하고 많은 글을 남겼다. 오늘날 우리가 그에 대해서나 쿠바 혁명의 실정에 대해 알 수 있는 것도 그가 남긴 방대한 저작물 덕분이다. 이 말은 어느 작가에게 한 답신인데, 다른 편지에서는 "글을 씀으로써 구체적인 문제나 자신이 느낀 대로 취하고 있는 인생에 대한 태도와 마주할 수 있다"고 적었다. 체 게바라는 쓰는 것을 통해 자신을 반성하고 인생을 더욱 나은 것으로 만들려고 했다.

만약 이렇게 말해서
라틴아메리카의 지배자가
화를 내지 않는다면
나는 라틴아메리카에서
가장 열렬한 애국주의자라고 생각한다.

1961년 8월, 여동생 아나 마리아(왼쪽)와 재회한 체 게바라(오른쪽)
©AP/AFLO

1964년 12월 9일 유엔총회에서 체 게바라는 니카라과 대표 다음으로 연설을 했다. 니카라과 대표는 체 게바라의 아르헨티나 사투리를 야유하면서 쿠바를 통해 구소련과 그에 동조하는 여러 나라의 패권이 남미로 닥쳐오는 것을 비판했다. 하지만 체 게바라는 그것을 일축하며 이같이 말했다. 그리고 이어지는 솔직한 말은 이후 그의 끝없는 투쟁을 예감케 한다.

"그렇게 해야 할 때가 오면 나는 라틴아메리카 나라들을 위해 내 목숨을 던질 각오가 되어 있다."

승리할 때까지 언제까지나 전진을.
'조국'을, 그렇지 않으면 '죽음'을,
혁명가로서의 뜨거운 마음을 담아
자네를 힘껏 껴안아주겠네.

1965년 체 게바라는 가족과 피델 카스트로 등 친한 친구에게 편지를 남기고 쿠바를 떠났다. 새로운 투쟁 지역인 아프리카로 향한 것이다. 그의 부재 소식이 알려지자 카스트로와의 사이가 틀어져 숙청되었다는 등 이런저런 소문이 난무했다. 그러나 한 달 후 카스트로가 공적인 자리에서 읽은 체 게바라의 '작별 편지'로 그 진상이 밝혀졌다. 이 말은 그 맺음말이다. 혁명에 대한 체 게바라의 굳은 결의와 지금까지 고락을 함께해온 동지에 대한 큰 애정을 엿볼 수 있다.

어디서 죽음이 찾아오든
싸우는 우리의 우렁찬 외침소리가
누군가의 귀에 닿아
우리의 무기를 들기 위해
다른 손이 내밀어지고
다른 사람들이 일어선다면
기꺼이 죽음을 받아들일 것이다.

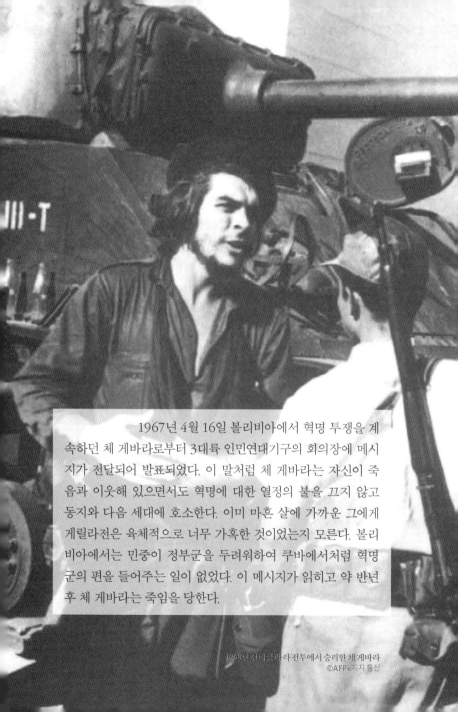

1967년 4월 16일 볼리비아에서 혁명 투쟁을 계속하던 체 게바라로부터 3대륙 인민연대기구의 회의장에 메시지가 전달되어 발표되었다. 이 말처럼 체 게바라는 자신이 죽음과 이웃해 있으면서도 혁명에 대한 열정의 불을 끄지 않고 동지와 다음 세대에 호소한다. 이미 마흔 살에 가까운 그에게 게릴라전은 육체적으로 너무 가혹한 것이었는지 모른다. 볼리비아에서는 민중이 정부군을 두려워하여 쿠바에서처럼 혁명군의 편을 들어주는 일이 없었다. 이 메시지가 읽히고 약 반년 후 체 게바라는 죽임을 당한다.

1958년 산타클라라 전투에서 승리한 체 게바라
©AFP=지지 통신

중요한 것은 개인이
사회와 합체하는 것이 왜 필요한지를, 동시에
자신이 그 사회의 원동력으로서 왜 중요한지를
나날이 깊이 자각해가는 일이다.

1962년 5월, 데모를 하며 거리를 걷는 체 게바라(왼쪽에서 두 번째), 카스트로 형제
©Picture Alliance/AFLO Photo by Heinz Junge

　　　　노동자의 권리를 주장한 운동의 결과인 사회주
의국가에서 노동자가 다시 사회의 수레바퀴가 되고 개인보다
집단이 우선시되며 권력자가 단물을 빨아먹는 구조가 되풀이
되었다. 사회주의 진영이 자본주의 진영에 대해 비판해온 부패
가 사회주의국가에서도 일어난 것이다. 체 게바라는 사회주의
의 퇴폐에 대해서도 결코 비판의 고삐를 늦추지 않았다. 사회
를 지탱하는 개인이 자신을 사회에 필요한 존재라고 생각하지
않게 된 체제 자체가 인간에 의한 인간의 착취를 시작하는 것
이라고 파악했다.

'집단'은 '개인'과 대립하는 것이라는 감각이
점점 커져갔습니다.
저는 늘 사람들로부터
사적인 도움을 받지 않고
혼자서 제 길을 찾아내는 성격입니다.

휴식 중인 체 게바라
©Picture Alliance/AFLO

외유를 떠난 인도에서 체 게바라가 어머니 셀리
아에게 보낸 편지 중 한 구절이다. 쿠바나 라틴아메리카에서
멀리 떨어진 아시아 땅에서 고독에 사로잡힌 그의 심정이 토로
되어 있다.

하지만 혁명의 영웅으로서 카리스마를 자랑한 체 게바라
는 결코 이기적인 개인주의자가 아니었다. 편지는 무모했던 자
신을 받아들여준 쿠바 혁명 동지들을 생각하며 집단의 일원이
된 자신을 긍정하는 말로 넘쳐흘렀다.

진정하고 잘 겨눠.
자넨 이제
한 인간을 죽이는 거야.

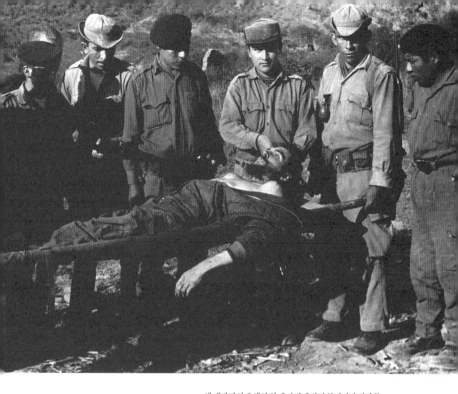

체 게바라의 유체와 함께 사진에 담긴 볼리비아 병사들
©REUTERS/AFLO

체 게바라의 마지막 말로 전해지는 한 구절이다.
볼리비아에서 약 11개월에 걸쳐 게릴라전을 전개한 체 게바라
는 미국의 원조를 받은 볼리비아 정부군에게 체포되었다. 다
음 날 총을 들이댄 채 움직이지 못하는 하사관 마리오 테란에
게 그는 "자네 눈앞에 있는 남자는 영웅이 아니네. 단지 한 남
자일 뿐이야"라고 말하며 방아쇠를 당기도록 재촉했다고 한
다. 체 게바라를 사살한 테라는 훗날 백내장을 앓아 쿠바에서
수술을 받았다. 쿠바 정부는 그가 체 게바라를 살해했다는 사
실을 불문에 부치고 무상으로 치료해주었다.

커피를 마시는 체 게바라

Chapter 04

여행하듯 살다

지금, 믿을 수 없는
우연 덕분에 나는 알았다.
나는 여행을 할 운명이라고.

1944년, 열대여섯 살 무렵의 체 게바라
©www.bridgemanart.com/amanaimages

　　　체 게바라는 십대 무렵부터 자주 방랑 여행을
했다. 처음에는 국내만의 짧은 여행이었지만 1951년 친구 알
베르토 그라나도와 함께 모터사이클을 타고 남미대륙을 종단
하는 여행에 나섰다. 처음으로 해보는 긴 여행이었다. 하지만
중고 모터사이클이 도중에 크게 파손되어 도보와 히치하이크
의 모험 여행이 되었다. 여행 도중 칠레의 추키카마타 구리 광
산에서 목격한 광경은 체 게바라의 뇌리에 각인되어 떠나질
않았다. 농민이나 노동자는 그곳에서 살아가는 데 급급한 수
준으로, 만족스러운 임금을 받지 못한 채 혹사당하고 있었다.

아무런 계획도 없이
남북 아메리카 각지를 여행함으로써
나는 스스로도 느끼지 못할 만큼 변했다.

1952년, 뗏목 '맘보탱고 호'를 타고 아마존 강을 내려가는 체 게바라(오른쪽)와 알베르토 그라나도
(왼쪽)
©Rex Features/AFLO

        체 게바라의 첫 남미 종단의 긴 여행은 1951년
12월에 시작하여 이듬해 7월까지 계속되었다. 아르헨티나에
서 칠레로 간 그는 광산 노동자의 실태를 목격하기도 했다. 페
루에서는 마추픽추 유적을 방문하여 식민지 지배의 역사를
생각했고 한센병 요양소에서 일하기도 했다. 그리고 뗏목을 타
고 아마존 강을 내려가 콜롬비아와 베네수엘라까지 나아갔다.
알베르토 그라나도와 헤어진 후 체 게바라는 미국의 마이애미
까지 북상했다가 귀국길에 올랐다. 이 여행에서 그는 남미 빈
곤의 실상을 알았다.

이번 여행 덕분에
저는 확신할 수 있었습니다.
라틴아메리카를
불안정한 가짜 국가로 분할한 것은
잘못된 일이라고.

체 게바라가 남미를 종단할 때 사용한 '포데로사 2호'.
아르헨티나의 체 게바라 박물관에 전시되어 있다
©RAPHO/AFLO Photo by Jean-Claude Coutausse

　　　페루의 한센병 요양소에 머물렀을 때 체 게바라
를 위해 열린 파티에서 그가 말한 구절이다. 각지에서 보고 들
은 것이 그에게 남미대륙 사람으로서의 연대감을 안겨주었다.
이 말 뒤에 그는 이렇게 잇는다.
　　"우리는 메스티소라는 하나의 인종입니다. 멕시코에서 마젤
란해협에 이르기까지 민족지적 공통점이 역력합니다. 그러므
로 사소한 지방주의 같은 걸 없애기 위해서도 페루와 라틴아
메리카의 단결을 위해 건배합시다."

앞으로의 일?

솔직히 말해서 내 뼈를
어디에 묻게 될지도 알지 못한다.

1958년경의 체 게바라
ⓒAFP=지지 통신

체 게바라가 두 번째 남미대륙 종단 여행을 떠
난 것은 대학 의학부를 졸업하고 나서였다. 그 여행이 고국인
아르헨티나와의 긴 이별이 될 줄 그때는 몰랐다. 체 게바라가
스물다섯 살 때의 일이다.

그때 남미대륙에서 혁명의 태동을 느낀 그는 반미 계열의
아르벤스 정권이 이끄는 과테말라에 쿠바인 망명자가 모여 있
다는 사실을 알고 여행 중에 그곳으로 향했다. 그때의 결단이
그를 혁명 투쟁의 길로 이끌었다.

늘 꿈꾸는 마음을 충족시키겠다고 생각하면

한곳에 정착할 수가 없었다.

이학부에도, 병원에도, 시험에도.

164

1957년경 강아지를 안고 드러누워 있는 체 게바라
©Roger-Viollet/AFP

    많은 청소년들이 그러는 것처럼 체 게바라 역시 자신의 장래를 정할 수 없었다. 1947년 국립 부에노스아이레스 대학 의학부에 입학한 것도 그의 어머니인 셀리아가 게바라가의 아이는 대학을 나와야 한다는 의무를 부여했기 때문이다. 그녀는 진보적인 사상을 가진 사람으로 여성해방론자이기도 했다. 체 게바라는 대학에 들어가자 타고난 독서열이 더 높아져 철학에서부터 정치학, 심리학 등 폭넓은 분야의 책을 몇 시간이고 열중해서 읽었다. 그러나 그것이 성에 차지 않은 그는 눈을 세계로 돌렸다.

쿠바에서도, 방문한 어떤 나라에서도
외국인이라고 느낀 적이
한 번도 없었다는 것을 고백한다.
내 인생은 모험의 연속이었다.

체 게바라의 코스모폴리턴적인 성격이 잘 드러나는 말이다. 쿠바를 해방한 혁명군 중에서 유일한 아르헨티나 사람인 체 게바라는 호기심의 대상이었다. 왜 타국 사람이 이국의 혁명에 굳이 목숨을 걸고 참가한 것인가. 그의 답은 아주 간단했다. "멕시코에서는 멕시코 사람처럼, 페루에서는 페루 사람처럼 느꼈다. 지금도 쿠바에 있을 때는 쿠바 사람이라 느끼고, 아르헨티나에 있으면 아르헨티나 사람으로 느낄 것이다. 어디에 있든 이것이 내 성격을 떠받치고 있다."

나는 자주 모험가라는 말을 듣는다.
타입이 다르긴 하지만 확실히 그렇다.
자신의 진리를 보여주기 위해
목숨을 거는 사람이다.

1967년, 볼리비아에서 게릴라 투쟁에 투신한 체 게바라(오른쪽 아래)
©www.bridgemanart.com/amanaimages

체 게바라는 단지 정처 없이 각지를 방랑한 것
이 아니다. 처음에는 그랬을지도 모르지만, "이런 수기를 쓴 인
물은 아르헨티나 땅을 밟자마자 죽었다. …… 적어도 여기에
있는 것은 예전의 내가 아니다"라고 남미대륙을 여행할 때 일
기에 적은 체 게바라는 여행지에서 목격한 세계의 불의를 통
해 이 세상의 진리를 본 것이다. 그의 진리 탐구는 쿠바 혁명
이후 실천을 수반했다. 콩고에서, 볼리비아에서 그는 진정한 정
의를 관철하기 위해 진리를 추구했다.

한 번 더 저는 로시난테에 올라타
발뒤꿈치로 말의 갈비뼈를 느끼고 있습니다.
방패를 손에 들고 다시 여행을 떠납니다.
…… 아버지와 어머니께
고집불통에다 방탕했던 아들이 힘찬 포옹을 보내며.

새로운 투쟁 지역인 콩고로 출발하기 전, 체 게바라가 아르헨티나에 계신 부모님께 보낸 편지 중 한 구절이다. 로시난테는 그가 애독한 스페인 문학의 명작 『돈키호테』의 주인공이자 꿈과 광기 속에서 살았던 편력 기사 돈키호테의 애마다. 이 편지 끝에 적은 말은 체 게바라 자신의 가까운 미래를 정확히 알아맞히고 있다.

"이것으로 마지막이 될지도 모르겠습니다. 그렇게 되지 않기를 바랍니다만, 이치로 보면 그럴 가능성이 높습니다."

타국으로 싸우러 가기 위해

쾌적한 생활을

버릴 각오가 되어 있는 사람만이

혁명가로 불릴 만하다.

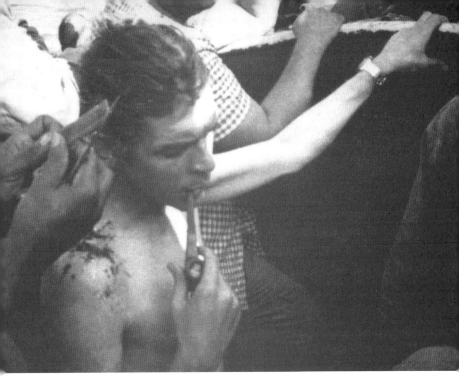

1965년 11월, 콩고에서 수염과 머리를 깎고 변장을 하는 체 게바라
ⓒAFP=지지 통신

쿠바에서 콩고로 건너갈 무렵, 체 게바라는 산
업부 장관 자리에 있었다. 피델 카스트로와 인기를 양분하면
서 그대로 쿠바에 머물렀다면 혁명의 영웅으로서 평생을 약속
받은 것이나 다름없었다.

하지만 체 게바라가 추구한 것은 자기 생활의 안정이 아니
었다. 온 세상 도처에 있는, 사람이 사람을 부리고 수탈하는 현
실을 바로잡는 일이었다.

그는 쿠바를 떠날 때 처자식에게 재산을 전혀 남기지 않았다.

세계의 다른 나라에 나의 분신없는
노력을 바라는 사람들이 있네.
자네가 구비의 지도자로서
거부하지 않을 수 없는 일을 나는 할 수 있네.
우리가 각자의 길을 갈 때가 온 것이네.

　　　체 게바라가 피델 카스트로에게 보낸 '작별 편
지'의 한 구절이다. 멕시코시티에서 만난 날부터 둘도 없는 동
지였던 체 게바라와 카스트로가 결국 헤어질 때가 온 것이다.
쿠바의 수상으로서 나라를 운영하는 정치가가 된 카스트로와
전 세계 모든 불의와 불평등의 타도를 목표로 하는 혁명가로
살고 싶은 체 게바라가 함께하는 것은 이제 불가능했다. 그러
나 그들의 우정이 끝난 것은 아니다. 체 게바라는 같은 편지에
서 다음과 같이 적었다. "새로운 전장으로 가져가는 것은 자네
에게 배운 신념이네."

제국주의에 대한 어떤 국가의 승리가
우리 모두의 승리인 것과 마찬가지로,
어떤 국가의 패배도 우리의 패배다.
우리는 세계 어느 곳에서 일어나는 사건에도
무관심할 수가 없다.

구소련과의 관계를 강화한 피델 카스트로와 체 게바라의 노선 차이가 결정적으로 드러난 것은 1965년에 개최된 아시아·아프리카인민연대기구 회의에서 체 게바라가 한 연설에서였다. 체 게바라는 제국주의에 대항하기 위해 각국의 연대가 필요하다고 주장하며 다음과 같이 말했다. "선진국과 개발도상국이라는 두 그룹 국가 사이에 이런 관계(불평등한 외환 제도)를 만들어내려는 것이라면 설령 그것이 사회주의국가라고 해도 제국주의자의 착취 공범자라고 보지 않을 수 없을 다." 이 사회주의국가는 암암리에 소련을 가리켰다.

네루는 마치 할아버지처럼
스스럼없이 환영해주었고
우리에게 무조건적으로 공감해주었다.

1959년, 인도의 자와할랄 네루 수상(오른쪽)과 악수하는 체 게바라(왼쪽)
©AP/AFLO

1959년 혁명 후 친선사절단 단장으로 아시아와 아프리카의 여러 나라로 떠난 체 게바라는 인도를 방문하여 자와할랄 네루 수상과 회담했다. 체 게바라는 청춘 시절 네루의 『인도의 발견』을 애독하고 그의 정치적·경제적 주권 사상에 강한 영향을 받았다. 미 제국주의에 대한 반감을 강화한 것도 네루의 저작을 읽은 것이 하나의 계기가 되었다. 회담 이튿날 체 게바라는 네루와 함께 인도 독립의 초석을 다진 비폭력 사상가 간디의 묘를 참배했다.

당신들 일본인은
미국에 이토록
잔학한 일을 당하고도
화가 나지 않는 거요?

1959년, 히로시마의 원폭 희생자 위령비를 방문한 체 게바라(오른쪽에서 세 번째)
©주고쿠신문사

이집트와 인도에 이어 일본을 방문한 체 게바라는 당시 일본의 통산장관이었던 이케다 하야토池田勇人와 회담을 가졌다. 그 후 체 게바라를 포함한 사절단은 히로시마 방문을 희망했다. 그런데 일본 측이 이를 거부했기 때문에 체 게바라 일행은 그들끼리 야간열차를 타고 히로시마로 가서 원폭 희생자 위령비에 기도를 올렸다. 이 말은 히로시마 현 담당자에게 체 게바라가 영어로 한 말이다. 그때까지 내내 입을 다물고 있던 체 게바라는 원폭 자료관을 견학하던 중 원폭의 참화를 보고 깊은 동정과 함께 분노를 드러냈던 것이다.

권력의 자리에 앉으면
행동 기준을 지키는 것이
상당히 어려워진다.

2006년경 피델 카스트로(왼쪽)와 베네수엘라의 차베스 대통령(오른쪽)
©Miraflores Press Office/©AP/AFLO

1959년 11월 3일 아르헨티나의 방송인 라디오 리바다비아가 체 게바라와 인터뷰한 내용으로, 혁명 운동이 한창일 때와 권력의 자리에 앉은 후에 대한 코멘트를 요구받고 체 게바라가 한 말이다. 이 말에 이어서 "반드시 외국의 독점 자본주의로부터 공격을 받고 경제적인 압력을 받게 되기 때문"이라고 덧붙였다. 체 게바라는 6년 후 장관이라는 자리를 포기하고 자신의 행동 기준에 따라 일개의 혁명 전사로서 아프리카로 건너갔다.

전 세계 모든 착취에 저항하는
가장 중요한 전장이
이 대륙뿐이라고는 말할 수 없겠지만
가장 중요한 전장 중 하나이기는 하다.

　　　체 게바라는 1964년 말 알제리 방문을 시작으로 아프리카의 여러 나라를 차례로 방문한다. 이때의 경험은 이후의 그의 행동을 결정했다. 귀국 후 그는 곧바로 소식을 끊고 콩고에서의 게릴라 투쟁을 위한 준비에 들어갔다. 하지만 콩고에서의 투쟁은 쿠바에서처럼 되지 않았다. 1965년 11월 18일 콩고의 작전 기지에서 보내온 체 게바라의 메시지는 참으로 비장했다. "괴멸에 직면한 상황. 동료와 농민은 모두 적군에 가담했다. 신뢰할 수 있는 콩고인 병사는 한 명도 없다."

1958~1959년경의 체 게바라
©akg-images/AFLO

Chapter 05

가족을 사랑하고
친구를 믿다

전사로서 엄격한 생활을 하는 가운데,
여성은 그 특유의 자질을 가지면서도
남성과 마찬가지로 일할 능력을 지닌 동지다.
여성은 싸울 능력을 지니고 있다.
남성보다 체력은 떨어지지만
강한 인내심은 남성에게 뒤지지 않는다.

쿠바 혁명군에 가담한 전사 중에는 여성도 있었다. 멕시코에서 훈련할 때 체 게바라를 떠받친 사람은 첫 아내 일다 가데아였다. 페루 망명자인 일다는 열성적인 사회주의 운동가로 체 게바라에게 큰 영향을 주었다. 그는 일다를 통해 러시아 혁명 문학이나 마르크스와 마오쩌둥의 저작을 알게 되었다. 또한 체 게바라와 함께 게릴라전을 치른 알레이다 마르치는 후에 두 번째 아내가 된다. 그녀는 자금 등의 운반을 담당했는데, 지명수배를 당하게 되자 전사로서 혁명군에 가세했다.

딸이 태어난 것은
내게 이중의 기쁨이다.
하나는 비참한 결혼 생활을
끝내게 해주었다는 것이고,
또 하나는 어쨌든 출발할 수 있다고
확신할 수 있었다는 것이다.

1955년 스물일곱 살 무렵 체 게바라는 일다 가
데아와 결혼했다. 그는 멕시코시티에서 거리 사진사, 도서 판
매원으로 일했고 얼마 후 공립 병원에서 조수로 일했다. 그리
고 그 무렵 피델 카스트로 등과 만나며 쿠바에 가기로 결심한
다. 이듬해 일다와의 사이에서 딸이 태어난다. 아내와 고모의
이름에서 따와 일다 베아트리스, 통칭 '일디타'라는 이름을 지
었다. 설령 자신이 혁명전쟁에서 죽는다고 해도 아이는 자신이
살았던 증거로서 남는다. 체 게바라는 전사로서의 결의를 새로
이 다졌다.

대단한 일이 아니라도
누군가는 평가를 해야 한다.
너는 언제든 아버지를
자랑스럽게 생각해도 된다.
아버지가
너를 자랑스럽게 생각하는 것처럼.

1965년, 아바나의 자택에서 가족과 시간을 보내는 체 게바라
©AFP=지지통신

        첫 번째 아내 일다와의 사이에 태어난 장녀 일
디타에게 체 게바라가 보낸 편지의 한 구절이다. 1966년 아프
리카 콩고에서 한창 새로운 혁명 투쟁을 전개하는 가운데 쓴
것이다. 당시 일다와 이미 이혼한 그는 쿠바에서 게릴라전을
함께 치렀던 알레이다 마르치와 재혼했다. 체 게바라는 알레이
다와의 사이에서 2남 2녀를 두었다. 그는 비록 이혼을 했어도
전처의 딸에 대한 애정을 잊지 않았다. 또한 일다도 알레이다
도 아이들이 서로의 가정을 왕래하는 걸 금하지 않았다.

제국주의가 아직 버티고 있다면
함께 싸우자.
이미 해치웠다면 너와 카밀로는
아빠와 달에 가서 느긋하게 쉬자.

체 게바라의 아내 알레이다와 딸, 아들들. 갓난아기를 안은 가운데의 소녀는 전처의 딸인 일디타
©AFP=지지 통신

　　1966년 볼리비아에서 체 게바라가 아이들에게
보낸 편지에서 자신과 이름이 같은 차남 에르네스토에게 한 말
이다. "아빠는 먼 데서 급히 서둘러 편지를 쓰고 있단다. 그러
니 어떤 모험을 했는지 이야기해줄 수가 없구나. 아쉽다"로 시
작하는 이 편지는 낯선 땅에서 체 게바라가 고전하는 모습을
떠올리게 한다. 카밀로는 장남으로, 체 게바라는 자신의 전우
이자 비행기 사고로 죽은 카밀로 시엔푸에고스의 이름을 따
아이의 이름을 지었다. 추신으로 일디타에게도 말을 남겼다.

전장에 가져온 추억할 만한 것은 둘뿐.
하나는 아내가 준 스카프,
또 하나는 어머니께 받은
돌이 달린 키홀더다.

체 게바라의 어머니 셀리아
©Bettmann/Corbis/amanaimages

　　체 게바라에게 가장 큰 영향을 준 여성인 어머니
셀리아는 체 게바라가 멀리 아프리카 땅에서 새로운 혁명 투쟁
에 투신하는 동안 세상을 떠났다. 그 지역에서 쓴 「돌」에는 어
머니가 위독하다는 소식을 들은 체 게바라의 심경이 토로되어
있다. 어머니가 준 키홀더의 장식용 돌을 잃어버렸을 때, 체 게
바라는 어머니와 잃어버린 돌을 겹쳐 다음과 같이 썼다.

　"사람은 필요한 걸 잃어버리지 않는다, 없어서는 안 되는 것
은. 그런 게 필요 없어지면 그 존재는 살아 있다고 할 수 있을까."

저는 정말 아버지, 어머니를 사랑해왔습니다.
다만 그 사랑을 어떻게 표현해야 좋을지
알 수 없었을 뿐입니다.
제가 제 행동에 지나치게 엄격하다는 것은
저 자신도 잘 알고 있었습니다.

1965년 체 게바라가 쿠바를 떠나 콩고로 출발하면서 부모님께 보낸 편지의 한 구절이다. 이국의 땅에서 체 게바라가 보내오는 근황이 담긴 편지를 읽고 어머니 셀리아는 늘 아르헨티나에서 아들을 격려했다. 체 게바라의 활동을 선전하다가 체포된 일도 있었다. 이 편지에 그녀는 다음과 같은 답장을 보냈다. "나는 늙은 여자이지만 네가 말하는 사회주의가 전 세계에서 이루어지기를 바란다." 하지만 체 게바라는 이 편지를 읽지 못하고 생애를 마쳤다.

딸은 마오쩌둥을 빼다 박았어요.

1960년, 중국을 방문하여 마오쩌둥(오른쪽)과 악수하는 체 게바라(왼쪽)
©CTK/CAMERA PRESS/AFLO

체 게바라는 혁명과 이상의 실현에 매진했지만 분주한 나날 속에서도 아이들에게 큰 애정을 쏟았다. 1956년 2월 15일 일다와의 사이에서 딸 일디타가 태어났다. 체 게바라는 첫 아이가 태어나자 "딸이 태어나 기뻐서 어쩔 줄 모르겠다", "내 영혼은 터질 듯했다"고 자신의 감동을 솔직하게 말했다. 일다는 얼핏 동양계 피가 섞여 있는 것처럼 보이는 동양적인 풍모의 여성이었는데, 딸 일디타 역시 그 동양적인 분위기를 물려받았다.

나는 처자식에게 아무것도 남기지 않지만
마음에 걸리지는 않네.
오히려 그러는 편이 기쁘다네.
국가가 생활과 교육에 필요한 것을
충분히 해줄 거라 생각하기 때문이네.
그 이상의 것은 바라지 않네.

볼리비아에서 보낸 최후의 나날, 체 게바라가 소지하고 있던 일기 노트와 아이들 사진
©REUTERS/AFLO Photo by David Mercado

1965년 10월 3일 공적인 자리에서 피델 카스 트로가 읽은 체 게바라의 '작별 편지'에 나오는 한 구절이다. 체 게바라는 그의 사상인 '새로운 인간'에서도 주장한 것처럼 것처럼 재산 등의 물질적인 것보다는 정신적인 것에 가치를 두 었다. 그러므로 혁명 후 정부 요직에 있으면서도 검소한 생활 을 했다. 어느 날 아이의 등하교에 공용차를 쓰려고 한 알레이 다를 엄하게 질책했다고 한다. "그 차는 쿠바 인민의 것이오. 사적인 용도로 써서는 안 되오."

언젠가 이 다리 맡을

손잡고 건넙시다,

기뻐하는 아이들 소리에 둘러싸여.

위의 말은 체 게바라가 알레이다에게 보낸 그림 엽서에 있는 말이다. 혁명정권 수립 후 멕시코에서 찾아온 일다에게 체 게바라는 이별을 고했다. 그는 혁명 투쟁을 하는 동안 함께 싸운 알레이다에게 끌리고 있었다. 이혼이라는 말을 꺼냈을 때 일다는 스스로 물러났다고 한다. 그 후 체 게바라는 알레이다와 재혼하여 2남 2녀를 두었다. 신생 쿠바 건설에 분주하던 체 게바라는 여행지에서 알레이다에게 많은 편지를 보냈다.

나는 라몬이야.
아버지 친구인데 스페인에서 왔어.

콩고로 건너가기 위해 수염을 깎고 변장한 채 게바라. 볼리비아로 건너갈 때는 머리도 밀었다
©Bettmann/Corbis/amanaimages

1966년 7월 체 게바라는 비밀리에 콩고에서 귀국했다. 새로운 투쟁 지역인 볼리비아로 향할 게릴라 부대를 꾸리기 위해서였다. 그때 아주 짧은 순간이었지만 아내 알레이다와 아이들을 만났다. 어린 아이들에게 비밀을 지키게 할 수는 없다고 생각한 체 게바라는 볼리비아 잠복용 변장을 한 채 가명을 대고 아버지의 친구라면서 딸 알레디타를 만났다. 당시 다섯 살이었던 알레디타는 슬쩍 어머니인 알레이다에게 귀엣말을 했다고 한다. "그 사람, 나를 좋아하는 것 같아."

나를 기다리지 말았으면 하오.
커피 잔은 그대로 사용하고
나 대신 다른 사람에게 커피를 끓여주시오.

이 말은 체 게바라가 아내 알레이다에게 보낸 편지의 한 구절이다. 그는 자신의 이상을 추구하며 쿠바에서의 지위도 명예도 버리고 새로운 혁명의 땅으로 떠날 결심을 했다. 떠날 때 부모님에게 보낸 편지(「편력하는 방탕한 자식」 참고)에 적은 것처럼 그는 죽음을 각오하고 있었다. 그러므로 뒤에 남은 사랑하는 아내를 생각하여 편지를 썼던 것이다. 알레이다는 체 게바라가 떠났을 때 어쩔 줄 몰라 하며 친구에게 "아이들을 이렇게나 낳지 않았으면 좋았을걸" 하고 말했다 한다.

체 게바라(촬영일 불명)
©akg-images/AFLO

피델 카스트로와의 만남은

정치적 사건이다.

젊고 지적이며 자신감이 넘치는

아주 대담한 남자다.

우리는 서로에게 공감을 느꼈다.

　　　　만남은 사람의 운명을 크게 바꿔놓는다. 역사에 만약이라는 말은 없지만, 그래도 만약 과테말라에서 피난해온 체 게바라와 쿠바에서 망명해온 피델 카스트로가 멕시코에서 만나지 않았다면 쿠바 혁명은 달성되지 않았을 것이다. 그리고 체 게바라가 투쟁 끝에 볼리비아에서 죽는 일도 없었을 것이다. 입장 차이로 그들은 헤어지게 되었지만 그래도 두 사람 사이의 우정은 변하지 않았다. 1997년 체 게바라의 유골이 쿠바로 전해졌을 때 카스트로가 직접 영묘靈廟에 납골했다.

카밀로는 함께 싸우고
기쁨과 승리를 나눈 동지일 뿐 아니라
진짜 형제 같았다.

체 게바라(왼쪽)와 카밀로 시엔푸에고스(오른쪽)
©www.bridgemanart.com/amanaimages

이 말은 카밀로 시엔푸에고스의 죽음을 애도하
며 체 게바라가 한 말이다. 혁명군 중에서 카스트로 형제 외에
그는 체 게바라와 큰 우정을 키워나간 전우라고 할 만한 사람
이다. 멕시코에서 그란마 호로 출항한 82명 중에서 살아남은
카밀로는 혁명정권 수립 후 비행기 사고로 행방불명되었다. 체
게바라는 저서인 『게릴라 전쟁』을 그에게 바쳤다. 책의 서문에
서 체 게바라는 "카밀로 같은 사람의 목숨은 육체를 잃어도 민
중 속에 계속 머물 것이다"라고 썼다.

어머니가 이곳으로 왔으면 좋겠다.
내가 무릎을 베고 누우면
그저 다정하게 '내 아기' 하며
나를 살짝 쓰다듬어주셨으면 좋겠다.
내 몸이 그걸 요구하고 있다.

1933년 다섯 살 무렵의 체 게바라
©PR／LAT／CAMERA PRESS／AFLO

　　　　이 말에 이어 체 게바라는 어머니의 사랑에 안기
는 아이가 되어 다음과 같이 적었다. "나는 마음이 편안해지면
서 아이가 된 것 같고 강해진 것 같다. 어머니에게 용서를 구할
필요는 없다. 어머니가 '내 귀여운 아기'라고 말해주었으므로."
　　콩고에서 어머니의 부고를 접한 체 게바라는 「돌」이라는 이
야기를 써서 어머니의 죽음을 애도했다. 그는 평생 어머니를
사랑했고, 어머니 역시 혁명가로 성장한 아들을 늘 격려했다.

20세기 가장 완벽한 인간, 체 게바라

"세계 어딘가에서 누군가 부정한 일을 당하고 있을 때 그것을 느낄 수 있는 사람이 되어라. 그것이 혁명가의 가장 훌륭한 자질이다."

피델 카스트로와 함께 쿠바 혁명에 성공한 아르헨티나 사람 체 게바라가 쿠바의 산업부 장관이라는 자리를 버리고 식민주의의 불씨가 남아 있는 콩고로 떠나면서 아이들에게 남긴 이 말만큼 그의 삶을 정확히 설명해주는 말은 없는 것 같다.

귀한 출신, 잘생긴 외모, 천식, 요절 등 영웅이 가져야 할 요건을 두루 갖췄으며 존 레논이 "세계에서 제일 멋있다"고 말하고 장 폴 사르트르가 "20세기의 가장 완벽한 인간"이라고 칭송한 혁명가인 만큼 지금도 그는 여전히 영웅이다. 하지만 티셔츠 속에 갇혀 있는 영웅이라는 느낌도 없지 않다. 혹시 그가 그렇게 잘생기지 않았다면 그의 얼굴이 아니라 그의 삶과 선택이 사람들의 기억 속에 남아 있을지도 모른다.

혁명의 과정은 현재의 욕망에 대한 유보를 필요로 한다. 인간적인 욕망들은 대부분 혁명 이후로 보류된다. 혁명에 성공한 이후에는 혁명 과정과는 모든 면에서 달라야 한다. 체 게바라는 그런 점에서 다른 혁명가들과 달랐다. 혁명에 성공한 많은 혁명가들이 독재자가 된 반면 볼리비아에서 게릴라전을 전개하다 비참하게 죽은 체 게바라가 영웅이 된 것은 바로 그 때문이다.

이 책에서 말한 대로 혁명이나 쿠데타를 거쳐 수립된 정권은 대부분 혁명군의 초인적인 강력함을 전설화한다. 이러한 역사 수정은 과도한 언론통제로 이어지는데 이것이 바로 독재다. 하지만 체 게바라는 결코 혁명을 신성화하거나 권위화하지 않았다. 혁명 과정에서의 엄격한 처형 등을 이유로 체 게바라를 부정하려는 사람들 역시 애초의 의도와는 다르게 혁명을 신성화하고 권위화하는 데 일조한다. 혁명의 동력은 동시대 인간에 대한 연민과 분노지만, 체 게바라의 말처럼 혁명은 결코 순수한 운동이 아니다. 그리고 혁명 자체가 목적은 아니다.

이 책에는 체 게바라의 말 100개가 담겼다. 그의 인생에서 100개의 결정적인 장면과 그의 선택을 모은 것인데, 이것이 바로 그의 삶이자 사상이다. 그가 영웅인 것은 혁명에 성공했으나 모든 것을 버리고 새로운 투쟁 지역으로 떠나 장렬한 최후를 맞이해서만은 아니다. 그가 자본주의와 식민주의를 근본적으로 비판하고 실제로 그것을 실천한 혁명가였기 때문만도 아니다. 나는 그의 매력은 좀 더 사소한 데 있다고 생각한다. 예

컨대 "술은 마시지 않는다. 담배는 피운다. 여자를 좋아하지 않게 될 바에는 차라리 남자를 그만두겠다"고 말하는 인간적인 모습은, 마치 인간의 한계를 넘어선 것처럼 말하는 위대한 사람들(은 대체로 사기꾼이다)의 말보다 훨씬 매력적이다. 그러면서도 새로운 혁명의 땅으로 떠나면서 아내에게 "나를 기다리지 말았으면 하오. 커피 잔은 그대로 사용하고 나 대신 다른 사람에게 커피를 끓여주시오"라는 편지를 보내는 모습이 매력적인 것이다.

그렇다고 잊어서는 안 되는 것은, 그가 "발밑에는 의약품이 담긴 배낭과 탄약 한 상자가 나뒹굴고 있었다. 둘 다 짊어지기에는 너무 무거웠다. 나는 탄약만 집어 들었다"고 한 것처럼 선택과 결단의 연속이었던 지난한 혁명 과정을 견뎌낸 사람이었다는 사실이다. 그리고 "자본주의의 법칙은 진실을 덮어 가리는 것이며 보통 사람들의 눈에는 보이지 않는다"고 한 것처럼 세계를 향해 빈곤의 원인에 대한 근본적인 질문을 멈추지 않은 사람이었다는 사실이다.

2017년 겨울

송태욱

체 게바라 연보

0세(1928년) / 5월 14일(출생신고서의 생일은 6월 14일), 아르헨티나의 로사리오
에서 아일랜드계 건축 기사인 아버지 에르네스토 체 게바라 린치와 스페
인계 어머니 셀리아 데 라 세르나의 장남으로 태어남.

2세(1930년) / 일가가 미시오네스로 이사. 아버지 에르네스토는 마테차 농원
을 시작. 평생 체 게바라를 괴롭히는 천식의 첫 징후가 나타남. 아르헨티나
에서는 나중에 대통령이 되는 후안 도밍고 페론 등이 소속한 육군 장교단
에 의해 군사 쿠데타가 일어남.

5세(1933년) / 체 게바라의 천식이 심해져 일가가 대도시 코르도바 교외의 알
타그라시아로 이사. 이곳에서는 병에도 불구하고 축구나 럭비에 열중함.

7세(1935년) / 초등학교에 입학하지만 천식 때문에 만족스럽게 등교하지도
못하고 그 대신 어머니가 체 게바라에게 공부를 가르침. 집에 있던 3천 권
이 넘는 부모의 장서를 탐독.

9세(1937년) / 아버지 에르네스토가 스페인 공화국의 지원 위원회를 설립.

17세(1945년) / 12월, 가을학기 시험이 끝나고 모터바이시클을 타고 산타페,
북코르도바, 멘도사 등 아르헨티나 국내를 여행.

19세(1947년) / 체 게바라, 국립 부에노스아이레스 대학 의학부 입학.

23세(1951년) / 12월, 친구 알베르토 그라나도와 함께 모터사이클로 첫 남아
메리카 종단 여행을 떠남. 아르헨티나, 칠레, 페루, 콜롬비아, 베네수엘라
를 돌며 빈곤과 착취의 남미 현실을 목격함.

24세(1952년) / 3월, 쿠바에서 군사 쿠데타로 바티스타 독재 정권이 수립됨. 소련과의 외교를 단절함. 4월 9일, 볼리비아에서 광산 노동자에 의해 혁명이 일어남. 11월, 부에노스아이레스로 돌아가 대학을 졸업. 그 후 의사 자격을 취득.

25세(1953년) / 7월, 친구 카를로스 페레르와 함께 두 번째 남아메리카 종단 여행을 떠남. 에스텐소로 정권의 대규모 사회 개혁이 진행되는 볼리비아를 여행하고 페루, 에콰도르 등에 머묾. 12월, 과테말라에 입국. 나중에 아내가 되는 페루인 망명자 일다 가데아를 만남. 또한 몬카다 병영 습격 후에 망명하고 있던 쿠바인과도 알게 됨.

26세(1954년) / 6월 18일, 인접국 온두라스로부터 CIA가 개입한 미국 용병 부대가 과테말라에 침공. 미국 자본에 저항하고 있던 하코보 아르벤스 정권 붕괴. 체 게바라는 CIA가 작성한 암살 대상자 목록에 자기 이름이 올라가 있다는 사실을 알고 멕시코로 출국. 9월, 멕시코에 도착. 다양한 일을 하지만 생활은 곤궁함.

27세(1955년) / 7~8월경, 라울 카스트로의 소개로 피델 카스트로와 만남. 쿠바의 바티스타 독재 정권 타도를 목표로 하는 혁명군에 군의로서 가담하기로 결심. 8월 18일, 일다와 결혼.

28세(1956년) / 2월 15일, 일다와의 사이에 장녀 일디타 태어남. 6월, 동료 쿠바인 망명자들과 함께 한 달 남짓 형무소에 구류. 11월 25일, 카스트로 등 82명의 혁명군이 요트 '그란마' 호를 타고 멕시코에서 쿠바를 향해 출발. 12월 2일, 도착 후 곧바로 정부군의 공격을 받음. 12월 21일, 살아남은 병사들과 산악 지대에서 합류하여 게릴라전을 전개.

29세(1957년) / 1월 17일, 정부군의 라플라타 병영을 공격하여 첫 승리를 거둠. 5~6월, 혁명군의 '제4부대'를 지휘. 쿠바 서남부의 산 시에라 마에스트라에서 게릴라전을 전개. 정부군, 대규모 군사 작전을 개시.

30세(1958년) / 12월 30일, 사령관(코만단테)에 임명되고 산타클라라를 공격하여 점령. 12월 31일부터 이듬해 1월 1일에 걸쳐 독재자 바티스타는 확대되는 혁명군이 두려워 국외로 망명.

31세(1959년) / 1월 2일, 친구 카밀로 시엔푸에고스 등이 수도 아바나의 카바나 요새로 들어감. 1월 8일, 피델 카스트로가 아바나로 들어감. 쿠바 혁명이 성공하고 혁명정권 수립. 1월 21일, 혁명 후의 쿠바를 방문한 일다 및 딸과 재회. 5월 22일, 일다와 정식으로 이혼. 6월 3일, 알레이다 마르치와 재혼. 6월, 아시아, 아프리카 여러 나라를 방문. 10월 28일, 카밀로 시엔푸에고스, 비행 중에 행방불명.

32세(1960년) / 10월 22일, 소련, 중국 등 사회주의국가를 방문하기 위해 장기 외유를 떠남. 11월 24일, 알레이다와의 사이에 장녀 알레디타가 태어남.

33세(1961년) / 2월, 산업부 장관에 취임. 4월, 바티스타파의 용병 1500명이 쿠바의 피그스 만에 상륙한 '피그스 만 사건' 발발. 곧바로 진압되어 포로가 됨. 8월, 우루과이의 푼타 델 에스테에서 개최된 미주기구 경제사회이사회에서 반미, 반제국주의 연설을 함.

34세(1962년) / 5월 20일, 알레이다와의 사이에 장남 카밀로가 태어남. 10월 14일, 쿠바에 핵미사일 배치되어 위기 상태에 돌입.

35세(1963년) / 6월 14일, 알레이다와의 사이에 차녀 셀리아가 태어남. 7월 알제리 독립 1주년 기념식에 참석.

36세(1964년) / 12월 9일, 뉴욕의 유엔총회에서 라틴아메리카의 해방에 대해 연설. 격렬하게 미국을 비판.

37세(1965년) / 1월, 아프리카 여러 나라를 차례로 방문. 2월 24일, 알레이다와의 사이에 차남 에르네스토가 태어남. 2월 25일, 가나의 항구도시 위네바에서 열린 제4회 아시아·아프리카인민연대기구 회의에서 암암리에 소련을 비판. 3월 14일 쿠바로 귀국. 소련과의 협동 노선을 지향하는 카스트로와의 사이에 불화가 생겼다고 여겨짐. 그 후 장관 자리를 그만두고 쿠바 시민권도 포기함. 내전 상태인 콩고 혁명군과 합류하여 현지에서 게릴라 전사로서 투쟁. 10월 3일, 카스트로가 체 게바라의 '작별 편지'를 발표.

38세(1966년) / 7월, 비밀리에 쿠바로 돌아옴. 변장하고 볼리비아로 떠날 혁명 부대를 준비. 라몬이라는 가명을 사용하여 처자식과 만남. 11월 4일, 볼리비아에 입국. 11월 7일, 볼리비아 낭카우아수의 게릴라 기지에 잠복. 볼리비아 정부는 미국의 지원을 받으며 다수의 군대를 거느리고 토벌 작전 시작.

39세(1967년) / 10월 8일, 볼리비아 정부군에게 체포. 이튿날인 10월 9일에 사살됨.

사망후 2년(1968년) / 7월 2일, 피델 카스트로의 서문을 붙여 볼리비아에서 쓴 일기가 쿠바 국립 출판협회에서 발행.

사망후 30년(1997년) / 7월, 볼리비아에서 체 게바라의 유골 발견. 아바나로 이송되어 산타클라라의 영묘에 안치됨.

사진 판권

사진 제공

AFLO / amanaimages / Corbis / Bridgeman / SCALA / AP / REUTERS / 지지 통신사 / 교도 통신사 / AFP / 주고쿠 신문사 / akg-images / Newscom / Picture Alliance / Prensa Latina / Everett Collection / Eyedea Presse / Rex Feature / Sygma / Bettmann / Eye Ubiquitous / RAPHO / Roger-Viollet / adoc-photos / MirAFLOres Press Office / CTK / Ullstein Bild / CAMERA PRESS / GAMMA / shutterstock / PR / RAT

사진작가

Alberto Corda / Franco Mattioli / Abdel Latif / Alain Nogues / Brian Moser / John Lindsay / Marcos Brindicci / Harry Harris / Jean-Claude Coutausse / Roberto Salas / Osvaldo Salas / David Mercado / Rene Cadima / Heinz Junge

arte
insight
IOO
체 게바라의 100가지 말

1판 1쇄 인쇄 2017년 1월 20일
1판 1쇄 발행 2017년 1월 31일

지은이 다카라지마사 편집부
옮긴이 송태욱
펴낸이 김영곤
펴낸곳 아르테

문학사업본부 이사 신우섭
문학사업본부 본부장 원미선
책임편집 신주식
문학기획팀 이승희 김지영
문학마케팅팀 정유선 임동렬 김별
문학영업팀 권장규 오서영
프로모션팀 김한성 최성환 김주희 김선영 정지은
홍보팀장 이혜연   **제작팀장** 이영민

출판등록 2000년 5월 6일 제406-2003-061호
주소 (우 10881) 경기도 파주시 회동길 201(문발동)
대표전화 031-955-2100 **팩스** 031-955-2151

ISBN 978-89-509-6888-5 03190
아르테는 (주)북이십일의 문학 브랜드입니다.

(주)북이십일 경계를 허무는 콘텐츠 리더
아르테 채널에서 도서 정보와 다양한 영상자료, 이벤트를 만나세요!
가수 요조, 김관 기자가 진행하는 팟캐스트 '[북팟21] 이게 뭐라고'
페이스북 facebook.com/100word   블로그 arte.kro.kr
인스타그램 instagram.com/21_arte   홈페이지 arte.book21.com